Quiches & pies

hachette
CUISINE

Sommaire

4

PÂTE SABLÉE

DIFFICULTÉ : facile
COÛT : bon marché

PRÉPARATION : 10 minutes
REPOS : 2 heures

Mélangez rapidement le beurre et la farine. Formez un puits, ajoutez l'œuf entier et le sucre. Mélangez le tout rapidement pour obtenir une pâte lisse. Roulez-la en boule et laissez-la reposer 2 h au frais avant utilisation.

POUR 500 G DE PÂTE

125 g de beurre ramolli
250 g de farine
1 œuf
125 g de sucre

6

PÂTE BRISÉE

DIFFICULTÉ : facile
COÛT : bon marché

PRÉPARATION : 10 minutes
REPOS : 2 heures

Mélangez la farine avec le sel (et le sucre, si c'est pour une recette sucrée). Faites un puits au centre, ajoutez le beurre, l'œuf et l'eau. Mélangez rapidement. Formez une boule et laissez reposer 2 h au frais avant utilisation.

POUR 500 G DE PÂTE

375 g de farine
1 pincée de sel (et, au besoin, 30 g de sucre)
180 g de beurre ramolli
1 œuf battu
5 cl d'eau

PÂTE FEUILLETÉE

DIFFICULTÉ : facile
COÛT : bon marché

PRÉPARATION : 30 minutes
REPOS : 2 h 30

POUR 6 PERSONNES

250 g de farine
250 g de beurre
1 cuil. à café de sel
10 cl d'eau

Dans un saladier, mélangez le sel, la farine et 15 cl d'eau. Lorsque la pâte est homogène, couvrez de film alimentaire et laissez reposer 30 min au frais.

À l'aide d'un rouleau à pâtisserie, étalez la pâte en un carré d'environ 25 cm de côté. Aplatissez le beurre en un carré d'environ 15 cm de côté.

Posez le beurre sur la pâte en quinconce et rabattez les coins de la pâte sur celui-ci. Ce dernier doit être complètement recouvert.

Étalez alors la pâte sur une longueur de 45 cm en conservant la largeur de 15 cm. Pliez-la en portefeuille et tournez-la d'un quart de tour avant de l'étaler à nouveau et de la replier en portefeuille. Vous venez alors de faire 2 tours. Couvrez de film alimentaire et laissez reposer 30 min au frais.

Répétez cette même opération 2 fois (2 fois 2 tours) en laissant à chaque fois reposer la pâte pendant 30 min entre les tours. Laissez à nouveau reposer 30 min avant d'utiliser la pâte.

8 QUICHE AU CRABE

DIFFICULTÉ : facile
COÛT : cher

PRÉPARATION : 30 minutes
CUISSON : 50 minutes

Préchauffez le four à 210 °C (th. 7). Égouttez la chair de crabe dans une passoire. Lavez et hachez le persil.

Étalez la pâte brisée dans un moule et piquez le fond de tarte avec une fourchette. Faites-le cuire à blanc. Pour cela, couvrez votre fond de tarte d'une feuille de papier d'aluminium, puis remplissez le moule avec un légume sec (des haricots blancs, par exemple). Cela empêchera le fond de gonfler et les bords de s'affaisser. Enfournez le moule pour 15 min.

Pendant ce temps, cassez les œufs en séparant les blancs des jaunes. Battez les blancs en neige ferme.

Dans un saladier, mélangez la chair de crabe avec la crème fraîche et les jaunes d'œufs. Salez, poivrez, ajoutez le paprika et le persil haché. Incorporez délicatement les blancs en neige à la préparation au crabe. Versez sur le fond de tarte, enfournez et faites cuire à 180 °C (th. 6) pendant 30 à 35 min.

POUR 6 PERSONNES

1 pâte brisée maison (voir p. 6) ou du commerce
300 g de chair égouttée de crabe en boîte
3 œufs
25 cl de crème fraîche épaisse
5 brins de persil
1 pincée de paprika doux
Sel, poivre

QUICHE AU SAUMON ET AU CHÈVRE

DIFFICULTÉ : facile
COÛT : raisonnable

PRÉPARATION : 20 minutes
CUISSON : 50 minutes

POUR 6 PERSONNES

- 1 pâte brisée maison (voir p. 6) ou du commerce
- 400 g de saumon frais Lachs
- 250 g de fromage de chèvre frais Ziegenkäse
- 4 œufs
- 20 cl de crème fraîche épaisse
- Sel, poivre

Préchauffez le four à 180 °C (th. 6). Étalez la pâte brisée dans un moule et piquez le fond de tarte en plusieurs endroits avec une fourchette. Faites-le cuire à blanc, au four, pendant 15 min (voir p. 8).

Dans un saladier, écrasez le fromage de chèvre frais à la fourchette. Ajoutez les œufs entiers et la crème fraîche, puis mélangez. Salez et poivrez.

Détaillez les pavés de saumon frais en fines tranches. Disposez-les sur le fond de tarte. Versez dessus le mélange œufs-crème-fromage, glissez le moule dans le four et faites cuire pendant 35 min.

QUICHE AUX CHAMPIGNONS ET AUX TOMATES SÉCHÉES

DIFFICULTÉ : facile
COÛT : raisonnable

PRÉPARATION : 30 minutes
CUISSON : 45 minutes

POUR 6 PERSONNES

1 pâte brisée maison (voir p. 6) ou du commerce
250 g de champignons de Paris
3 oignons blancs
2 cuil. à soupe d'huile d'olive
90 g de tomates séchées émincées dans l'huile
25 cl de crème fraîche épaisse
3 œufs
90 g de gruyère râpé
Sel, poivre

Préchauffez le four à 180 °C (th. 6). Étalez la pâte brisée dans un moule à quiche. Piquez le fond de tarte en plusieurs endroits à l'aide d'une fourchette.

Lavez et émincez les champignons de Paris. Pelez et hachez les oignons blancs. Faites chauffer l'huile d'olive dans une poêle et faites-y revenir les oignons pendant 5 min. Ajoutez les champignons. Faites cuire à feu vif jusqu'à évaporation de l'eau des champignons. Enfin, ajoutez les tomates préalablement coupées en morceaux. Salez, poivrez et mettez de côté.

Dans un saladier, fouettez la crème fraîche et les œufs entiers pour obtenir un mélange homogène. Salez et poivrez légèrement.

Garnissez le fond de tarte avec la préparation aux champignons. Ajoutez la mélange œufs-crème fraîche. Couvrez avec le gruyère râpé.

Glissez le moule dans le four et faites cuire à 180 °C (th. 6) pendant 30 à 35 min, jusqu'à ce que la quiche soit bien dorée. Servez chaud ou tiède.

QUICHE AUX COURGETTES

DIFFICULTÉ : facile
COÛT : bon marché

PRÉPARATION : 30 minutes
CUISSON : 50 minutes

POUR 6 PERSONNES

- 1 pâte brisée maison (voir p. 6) ou du commerce
- 4 courgettes
- 3 œufs
- 20 cl de crème fraîche épaisse
- 1 cuil. à soupe d'huile d'olive
- 80 g de chapelure
- 2 cuil. à soupe de parmesan râpé
- 2 cuil. à soupe de basilic haché
- 1 pincée de noix muscade moulue
- Quelques gouttes de Tabasco
- Sel, poivre

Préchauffez le four à 180 °C (th. 6). Étalez la pâte brisée dans un moule à quiche. Piquez le fond de tarte en plusieurs endroits à l'aide d'une fourchette. Réservez au frais.

Lavez soigneusement les courgettes. Débitez-les en rondelles de 1 cm d'épaisseur. Faites-les blanchir 5 min dans une grande quantité d'eau bouillante salée. Rafraîchissez-les ensuite sous l'eau froide et égouttez-les.

Dans un saladier, mélangez les œufs entiers avec la crème fraîche et l'huile d'olive. Ajoutez la chapelure, le parmesan, le basilic, la noix muscade et quelques gouttes de Tabasco. Salez et poivrez.

Répartissez régulièrement les rondelles de courgette sur le fond de tarte. Couvrez-les avec le mélange œufs-crème fraîche.

Glissez le moule dans le four et faites cuire à 180 °C (th. 6) pendant 35 à 40 min. Au terme de la cuisson, laissez tiédir légèrement et servez.

16

QUICHE AUX LÉGUMES DU MIDI

DIFFICULTÉ : facile
COÛT : bon marché

PRÉPARATION : 30 minutes
CUISSON : 50 minutes

POUR 6 PERSONNES

1 pâte feuilletée maison (voir p. 7) ou du commerce
4 tomates
2 petites aubergines
1 poivron rouge
1 poivron jaune
4 petites courgettes
2 gros oignons
2 gousses d'ail
1 pincée d'herbes de Provence
100 g de fromage frais de brebis
20 cl de crème fraîche épaisse
3 œufs
3 cuil. à soupe d'huile d'olive
Sel, poivre

Préchauffez le four à 210 °C (th. 7). Pelez les tomates, ôtez les pépins et coupez-les en petits dés. Égouttez-les dans une passoire.

Lavez les légumes. Taillez en dés les poivrons épépinés, les courgettes et les aubergines. Dans une sauteuse, faites revenir successivement, à l'huile d'olive, les oignons émincés, les poivrons, les courgettes, les tomates concassées et enfin les aubergines. Rajoutez à chaque fois un peu d'huile. Retirez les légumes dès qu'ils sont bien colorés, et laissez-les tiédir.

Étalez la pâte feuilletée dans un moule à quiche. Piquez le fond de tarte à l'aide d'une fourchette. Mélangez aux légumes l'ail haché et les herbes de Provence.

Dans un saladier, écrasez à la fourchette le fromage de brebis frais. Ajoutez les œufs et la crème fraîche, et mélangez. Salez et poivrez.

Étalez les légumes sur le fond de tarte et couvrez-les avec la préparation au fromage. Enfournez 35 à 40 min.

18

QUICHE AUX POIREAUX ET AUX MAGRETS FUMÉS

DIFFICULTÉ : facile
COÛT : raisonnable

PRÉPARATION : 30 minutes
CUISSON : 50 minutes

POUR 6 PERSONNES

- 1 pâte brisée maison (voir p. 6) ou du commerce
- 5 blancs de poireau
- Environ 20 tranches de magret de canard fumé
- 25 cl de crème fraîche épaisse
- 4 œufs
- 3 cuil. à soupe d'huile d'olive
- Sel, poivre

Préchauffez le four à 210 °C (th. 7). Fendez les poireaux en deux dans la longueur. Lavez-les soigneusement, épongez-les puis émincez-les.

Faites chauffer l'huile d'olive dans une poêle et faites-y fondre les poireaux pendant 10 min. Lorsqu'ils sont tendres, égouttez-les dans une passoire si leur eau de cuisson n'est pas totalement évaporée.

Versez la crème fraîche dans un saladier, ajoutez les œufs entiers, du sel, du poivre, et fouettez jusqu'à l'obtention d'une préparation homogène.

Étalez la pâte brisée dans un moule à tarte et piquez le fond avec une fourchette. Étalez les poireaux sur le fond de tarte. Répartissez les tranches de magret de canard sur les poireaux, puis couvrez avec la préparation aux œufs.

Glissez le moule dans le four et faites cuire à 210 °C (th. 7) pendant 30 à 35 min, jusqu'à ce que la quiche soit bien dorée. Servez tiède.

20 QUICHE LORRAINE

DIFFICULTÉ : facile
COÛT : bon marché

PRÉPARATION : 30 minutes
CUISSON : 50 minutes

POUR 6 PERSONNES

- 1 pâte brisée maison (voir p. 6) ou du commerce
- 100 g de poitrine fumée
- 25 cl de crème fraîche épaisse
- 2 œufs entiers + 2 jaunes
- 1 cuil. à soupe d'huile d'arachide
- 1 pincée de noix muscade moulue
- 100 g de gruyère râpé
- Sel, poivre

Préchauffez le four à th. 210 °C (th. 7). Étalez la pâte brisée dans un moule à tarte et piquez le fond en plusieurs endroits à l'aide d'une fourchette.

Coupez la poitrine fumée en lardons. Mettez-les dans une casserole, couvrez d'eau froide et portez à ébullition. Laissez cuire 5 min, rafraîchissez-les sous l'eau froide puis égouttez.

Faites chauffer l'huile dans une poêle et faites-y dorer les lardons pendant 5 min (ils doivent rester moelleux, à peine croustillants), puis égouttez.

Dans un saladier, mélangez les œufs entiers, les jaunes et la crème fraîche. Salez, poivrez et parfumez avec la noix muscade.

Répartissez les lardons sur le fond de tarte. Couvrez avec la préparation aux œufs et parsemez de gruyère râpé. Enfournez la quiche à 210 °C (th. 7) et faites cuire pendant 30 à 35 min.

22 QUICHE POIVRONS-LARDONS

DIFFICULTÉ : facile
COÛT : bon marché

PRÉPARATION : 30 minutes
CUISSON : 1 heure 10

POUR 6 PERSONNES

- 1 pâte brisée maison (voir p. 6) ou du commerce
- 100 g de poitrine fumée
- 2 poivrons rouges
- 20 g de beurre
- 25 cl de crème fraîche épaisse
- 2 œufs entiers + 2 jaunes
- 100 g de gruyère râpé
- 1 cuil. à soupe d'huile d'olive
- 1 pincée de noix muscade moulue
- Sel, poivre

Préchauffez le four à 200 °C (th. 6-7). Étalez la pâte brisée dans un moule et piquez le fond de tarte avec une fourchette. Faites-le cuire à blanc, au four, pendant 15 min (voir p. 8).

Coupez la poitrine fumée en lardons. Mettez-les dans une casserole, couvrez d'eau froide et portez à ébullition. Laissez cuire 5 min, rafraîchissez-les sous l'eau froide, puis égouttez.

Faites chauffer le beurre dans une poêle et faites-y dorer les lardons 5 min (ils doivent rester moelleux, à peine croustillants), puis égouttez.

Lavez les poivrons. Ouvrez-les, retirez les graines et les parties blanches. Taillez-les en lanières ou en dés. Faites chauffer l'huile d'olive dans une poêle et faites-y revenir les poivrons à feu vif pendant 5 min, puis retirez-les. Leur chair doit être tendre mais non brûlée.

Hors du feu, mélangez le fromage râpé, les lardons et les dés de poivron. Poivrez. Ne salez pas, les lardons le sont suffisamment.

Dans un saladier, mélangez les œufs entiers,

les jaunes et la crème fraîche. Salez légèrement, poivrez et ajoutez la noix muscade. Étalez la garniture sur le fond de tarte, puis couvrez avec la préparation aux œufs. Faites cuire 20 min à 200 °C (th. 6-7), puis réduisez la température à 180 °C (th. 6) et faites cuire encore 20 min.

+ Pour une saveur plus prononcée, vous pouvez ajouter un peu de piment d'Espelette à la préparation.

QUICHE SAFRANÉE AU JAMBON ET À LA TOMATE

DIFFICULTÉ : facile
COÛT : raisonnable

PRÉPARATION : 30 minutes
CUISSON : 55 minutes

POUR 6 PERSONNES

- 1 pâte brisée maison (voir p. 6) ou du commerce
- 3 gros oignons
- 5 tomates moyennes bien mûres
- 150 g de poitrine fumée
- 150 g de dés de jambon
- 2 œufs entiers + 2 jaunes
- 40 cl de crème fraîche
- 20 g de beurre
- 1 dosette de filaments de safran
- 1 cuil. à soupe d'herbes fraîches (thym, ciboulette, persil)
- 1 pincée de noix muscade moulue
- Sel, poivre

Préchauffez le four à 200 °C (th 6-7). Déroulez la pâte brisée dans un moule à tarte et piquez le fond avec une fourchette.

Coupez la poitrine fumée en lardons. Mettez-les dans une casserole, couvrez d'eau froide et portez à ébullition. Laissez cuire 5 min, rafraîchissez-les sous l'eau froide, puis égouttez.

Épluchez les oignons, puis coupez-les en petits morceaux. Faites-les dorer doucement avec le beurre pendant 3 min. Ajoutez les lardons et faites dorer encore 5 min (ils doivent rester moelleux, à peine croustillants), puis égouttez. Réservez.

Pelez les tomates, c'est très facile quand elles sont bien mûres (sinon plongez-les 30 sec dans une casserole d'eau bouillante et rafraîchissez-les sous l'eau froide). Ôtez les pépins et coupez-les en petits dés. Égouttez-les dans une passoire.

Dans un saladier, battez les œufs entiers et les jaunes avec la crème fraîche, le safran, les herbes fraîches et la noix muscade. Salez et poivrez.

Étalez le mélange oignons-lardons, les dés de jambon et les tomates sur le fond de tarte. Couvrez avec le mélange œufs-crème-épices et faites cuire 40 min à 180 °C (th. 6). Démoulez la tarte et servez sans attendre.

+ Les filaments de safran sont assez onéreux, vous pouvez les remplacer par du safran en poudre ou du curry.

QUICHE TOMATES-MOZZARELLA-BASILIC

DIFFICULTÉ : facile
COÛT : raisonnable

PRÉPARATION : 30 minutes
CUISSON : 1 heure

Préchauffez le four à 200 °C (th. 6-7). Étalez la pâte brisée dans un moule et piquez le fond de tarte avec une fourchette. Faites-le cuire à blanc, au four, pendant 15 min (voir p. 8).

Pelez les tomates, c'est très facile quand elles sont bien mûres (sinon plongez-les 30 sec dans une casserole d'eau bouillante et rafraîchissez-les immédiatement sous l'eau froide). Ôtez les pépins. Égouttez-les dans une passoire. Découpez-les en morceaux et garnissez-en le fond de tarte.

Coupez la mozzarella en dés et disposez-les sur les tomates. Lavez le basilic sous l'eau froide. Épongez-le avec du papier absorbant, puis ciselez-le. Parsemez-en les tomates et la mozzarella.

Battez les œufs entiers et la crème fraîche dans un saladier, salez, poivrez et versez le mélange sur la garniture.

Glissez le moule dans le four et faites cuire à 200 °C (th. 6-7) pendant 40 min. Démoulez après avoir laissé légèrement tiédir.

POUR 6 PERSONNES

- 1 pâte brisée maison (voir p. 6) ou du commerce
- 4 belles tomates
- 125 g de mozzarella fraîche
- 1 bouquet de basilic frais
- 3 œufs
- 20 cl de crème fraîche
- Sel, poivre

28

TARTE À LA FONDUE D'ENDIVES

DIFFICULTÉ : facile
COÛT : bon marché

PRÉPARATION : 30 minutes
CUISSON : 1 heure

POUR 6 PERSONNES

1 pâte brisée maison (voir p. 6) ou du commerce
3 endives
2 oignons
1 cuil. à soupe d'huile d'olive
4 œufs
25 cl de crème fraîche
2 pincées de mélange d'épices cinq-parfums
Sel, poivre

Préchauffez le four à 180 °C (th. 6). Étalez la pâte brisée dans un moule à tarte et piquez le fond en plusieurs endroits avec une fourchette. Réservez.

Versez 50 cl d'eau dans une casserole. Ajoutez les endives et portez à ébullition. Baissez le feu, couvrez et laissez cuire 10 min à petits bouillons. Rafraîchissez les endives sous l'eau froide et égouttez-les. Éliminez la base des endives et coupez-les en lamelles.

Pelez, émincez les oignons et faites-les blondir dans une poêle avec l'huile d'olive.

Dans un saladier, battez les œufs et la crème fraîche. Salez, poivrez et ajoutez le mélange d'épices cinq-parfums.

Tapissez le fond de tarte avec les oignons et les endives, puis versez le mélange œufs-crème fraîche sur les légumes. Glissez le moule dans le four et faites cuire à 180 °C (th. 6) pendant 40 min.

+ À défaut de mélange d'épices cinq-parfums, vous pouvez également utiliser 1 cuil. à café de curry dans cette recette.

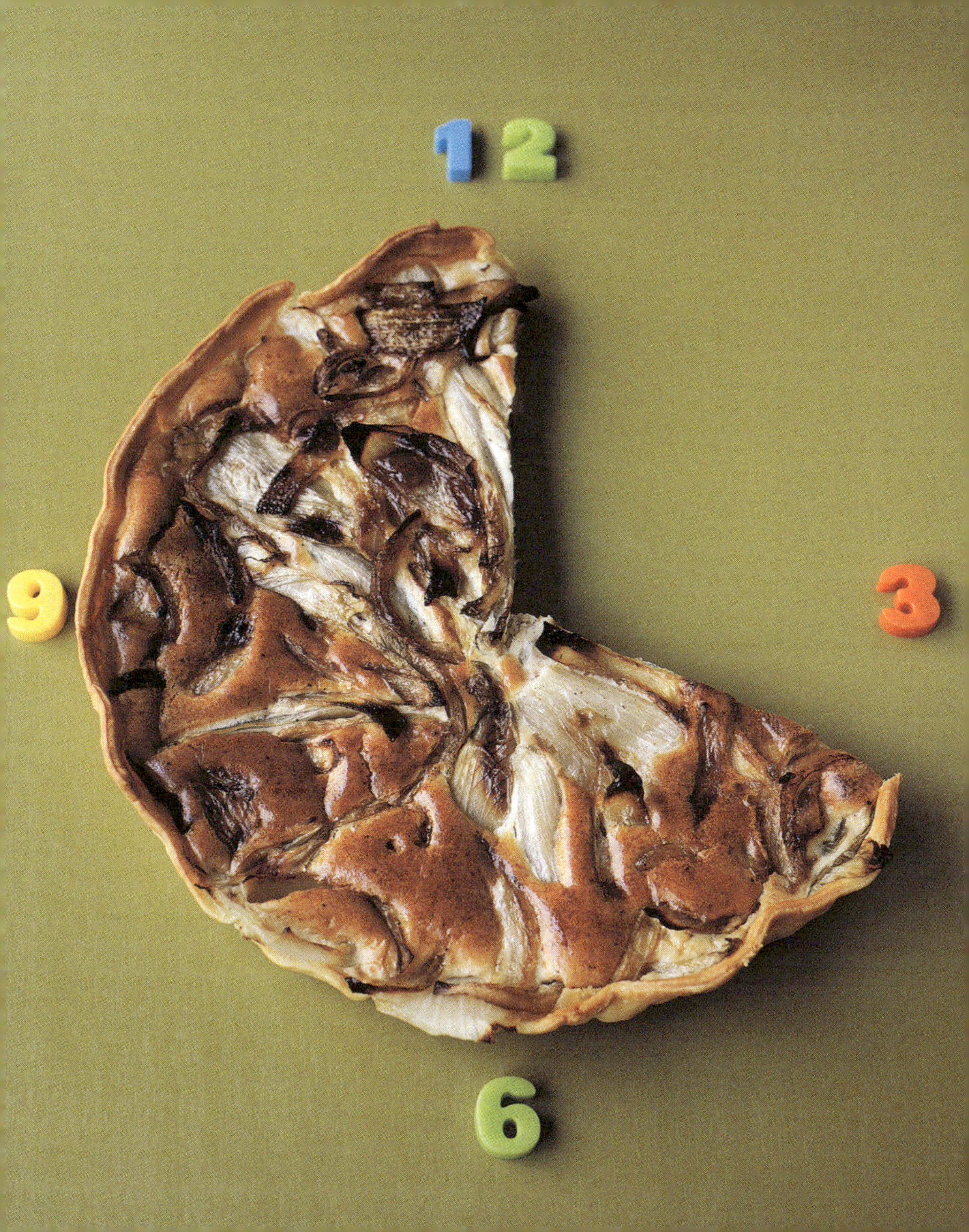
12
9
3
6

TARTE À LA PAYSANNE

DIFFICULTÉ : facile
COÛT : raisonnable

PRÉPARATION : 30 minutes
CUISSON : 1 heure

POUR 6 PERSONNES

- 1 pâte brisée maison (voir p. 6) ou du commerce
- 100 g de jambon cru
- 1 poireau
- 400 g de champignons de Paris
- 100 g de comté
- 40 g de beurre
- 3 œufs
- 20 cl de crème fraîche
- Sel, poivre

Préchauffez le four à 180 °C (th. 6). Étalez la pâte brisée dans un moule à tarte et piquez le fond avec une fourchette. Réservez.

Nettoyez soigneusement les champignons de Paris. Émincez-les. Coupez le poireau en deux dans la longueur. Lavez-le soigneusement, épongez-le, puis émincez-le.

Faites revenir le poireau et les champignons dans le beurre jusqu'à ce qu'ils soient tendres et que l'eau de cuisson soit évaporée. Ajoutez le jambon taillé en dés. Salez peu et poivrez.

Dans un saladier, battez ensemble les œufs, la crème fraîche et le comté finement râpé.

Répartissez la garniture sur le fond de tarte, puis versez dessus la crème aux œufs et au fromage. Faites cuire au four à 180 °C (th. 6) pendant 40 min et servez bien chaud.

+ Vous pouvez également réaliser cette recette avec d'autres variétés de champignons : des cèpes, des pleurotes ou encore des girolles.

32 TARTE À L'OIGNON

DIFFICULTÉ : facile
COÛT : bon marché

PRÉPARATION : 30 minutes
CUISSON : 40 minutes

Épluchez les oignons et coupez-les en rondelles bien fines. Faites chauffer l'huile dans une grande poêle. Ajoutez les oignons et faites-les dorer doucement pendant 25 à 30 min. Ils doivent être légèrement caramélisés. Salez et poivrez généreusement.

Préchauffez le four à 210 °C (th. 7). Étalez la pâte brisée dans un moule à tarte et piquez le fond avec une fourchette.

Coupez la poitrine fumée en lardons. Mettez-les dans une casserole, couvrez d'eau froide et portez à ébullition. Laissez cuire 5 min, rafraîchissez-les sous l'eau froide, puis égouttez.

Faites chauffer le beurre dans une poêle et faites-y dorer les lardons 5 min (ils doivent rester moelleux, à peine croustillants), puis égouttez.

Tapissez le fond de tarte avec les oignons et les lardons. Tassez bien la garniture avec le dos d'une cuillère.

POUR 6 PERSONNES

1 pâte brisée maison (voir p. 6)
ou du commerce
1 kg d'oignons
125 g de poitrine fumée
2 cuil. à soupe d'huile végétale
10 g de beurre
3 œufs
30 cl de crème liquide
2 pincées de noix muscade moulue
Sel, poivre

Dans un saladier, battez les œufs en omelette avec la crème liquide et la noix muscade. Salez et poivrez. Versez sur la garniture. Enfournez et faites cuire à 210 °C (th. 7) pendant 40 min.

+ Pour cette recette, vous pouvez utiliser des oignons rouges. Leur saveur plus sucrée contrastera plus nettement avec le lard.

TARTE AU BEAUFORT

DIFFICULTÉ : facile
COÛT : raisonnable

PRÉPARATION : 30 minutes
CUISSON : 50 minutes

POUR 6 PERSONNES

1 pâte brisée maison (voir p. 6) ou du commerce
500 g de beaufort
150 g de jambon de Savoie en tranches
25 cl de crème fraîche épaisse
15 cl de lait
3 œufs
1 pincée de noix muscade moulue
Sel, poivre

Préchauffez le four à 180 °C (th. 6). Étalez la pâte brisée dans un moule à tarte et piquez le fond avec une fourchette. Réservez.

Râpez le beaufort. Dans un saladier, battez ensemble les œufs, la crème fraîche, le lait et 400 g de beaufort. Salez et poivrez. Parfumez avec la noix muscade.

Répartissez les tranches de jambon de Savoie sur le fond de tarte. Couvrez avec la préparation aux œufs et au fromage. Dispersez le restant de beaufort sur la quiche.

Enfournez immédiatement et faites cuire pendant 50 min à 180 °C (th. 6). Démoulez la tarte et servez-la bien chaude, accompagnée d'une salade verte.

36

TARTE AU BŒUF HACHÉ ET AU CURRY

DIFFICULTÉ : facile
COÛT : raisonnable

PRÉPARATION : 30 minutes
CUISSON : 35 minutes

POUR 6 PERSONNES

1 pâte brisée maison (voir p. 6) ou du commerce
750 g de bœuf haché
150 g de petits pois écossés
50 g de raisins secs
2 oignons
Le jus de 1 citron vert
2 œufs
20 cl de crème fraîche épaisse
1 cuil. à soupe de curry en poudre
2 cuil. à soupe d'huile d'olive
Sel, poivre

Pour la sauce
1 pot de yaourt nature battu
Le jus de 1 citron vert
1 petit bouquet de coriandre

Mettez les raisins secs à tremper dans un bol d'eau bouillante pendant 15 min. Pendant ce temps, épluchez et hachez les oignons. Faites chauffer l'huile d'olive dans une poêle et faites-y revenir les oignons pendant 5 min. Ajoutez le curry, puis la viande hachée. Faites cuire 5 min à feu vif. Réservez.

Jetez les petits pois dans de l'eau bouillante salée et laissez-les cuire 5 min, puis égouttez-les.

Préchauffez le four à 180 °C (th. 6). Étalez la pâte brisée dans un moule et piquez le fond de tarte avec les dents d'une fourchette.

Dans un saladier, mélangez la viande avec la crème fraîche et les œufs entiers. Ajoutez les raisins secs égouttés, les petits pois et le jus de citron vert. Salez et poivrez. Versez cette préparation sur le fond de tarte et faites cuire au four à 180 °C (th. 6) 35 min.

Lorsque la tarte est bien dorée, laissez-la tiédir quelques minutes. Servez-la avec la sauce que vous aurez préparée en mélangeant le yaourt nature, le jus de citron vert et la coriandre hachée.

TARTE AU CRESSON ET À LA TRUITE

DIFFICULTÉ : facile

COÛT : raisonnable

PRÉPARATION : 30 minutes

CUISSON : 40 minutes

Préchauffez le four à 200 °C (th. 6-7). Nettoyez avec soin le cresson, lavez-le à l'eau vinaigrée et rincez-le bien à l'eau courante. Mettez le cresson dans le panier d'un autocuiseur au-dessus d'un fond d'eau et faites-le cuire 2 min à la vapeur. Rafraîchissez le cresson sous l'eau froide, égouttez-le et réduisez-le en purée à l'aide d'un mixeur.

Plongez les œufs dans une casserole d'eau froide. Portez à ébullition et faites-les cuire 10 min. Rafraîchissez-les sous l'eau froide. Ôtez les coquilles et hachez les œufs durs. Mélangez-les à la crème fraîche et ajoutez le jus de citron. Incorporez ce mélange à la purée de cresson, puis salez et poivrez.

Retirez les arêtes des filets de truite et coupez ces derniers en lamelles. Étalez la pâte brisée dans un moule à tarte et piquez le fond avec une fourchette.

Versez sur la pâte la moitié de la préparation au cresson, répartissez les filets de truite et couvrez avec la purée restante. Enfournez pour 40 min à 200 °C (th 6-7). Servez aussitôt.

POUR 6 PERSONNES

1 pâte brisée maison (voir p. 6) ou du commerce
2 truites saumonées sans la peau et préparées en filets
2 bottes de cresson
Le jus de ½ citron jaune
3 œufs
30 cl de crème fraîche
Sel, poivre

Matériel

Mixeur

40

TARTE AU CHÈVRE ET À LA MENTHE

DIFFICULTÉ : facile

COÛT : bon marché

PRÉPARATION : 30 minutes

CUISSON : 40 minutes

Lavez les pommes de terre. Faites-les cuire à la vapeur dans un autocuiseur, pendant 10 à 15 min, suivant leur taille. Elles doivent rester entières. Épluchez-les, puis coupez-les en rondelles.

Préchauffez le four à 200 °C (th. 6-7). Lavez et ciselez la menthe. Étalez la pâte brisée dans un moule à tarte et piquez le fond avec les dents d'une fourchette.

Dans un bol, écrasez le fromage de chèvre frais à la fourchette. Ajoutez les œufs entiers et la crème liquide. Battez le tout au fouet. Le mélange doit être homogène. Salez et poivrez. Ajoutez la menthe.

Tapissez le fond de tarte avec les pommes de terre. Versez dessus le mélange œufs-fromage-menthe. Faites cuire au four à 200 °C (th. 6-7) pendant environ 40 min.

POUR 6 PERSONNES

1 pâte brisée maison (voir p. 6) ou du commerce
750 g de pommes de terre
300 g de fromage de chèvre frais
1 gros bouquet de menthe
4 œufs
25 cl de crème liquide
Sel, poivre

Matériel

Autocuiseur

TARTE AU MUNSTER ET AU CUMIN

DIFFICULTÉ : facile
COÛT : raisonnable

PRÉPARATION : 20 minutes
CUISSON : 40 minutes

Préchauffez le four à 210 °C (th. 7). Détaillez le munster en tranches.

Dans un saladier battez ensemble le fromage blanc, la crème fraîche et les œufs. Ajoutez le cumin. Salez légèrement et poivrez.

Abaissez la pâte dans un moule à tarte et piquez le fond à la fourchette. Répartissez la moitié des tranches de munster sur le fond de tarte, versez la préparation aux œufs et couvrez avec le reste du munster.

Glissez le moule dans le four et faites cuire 40 min, à 210 °C (th. 7), jusqu'à ce que le dessus soit bien doré. Laissez reposer 5 min avant de démouler, dégustez chaud.

POUR 6 PERSONNES

1 pâte brisée maison (voir p. 6) ou du commerce
250 g de munster
200 g de fromage blanc en faisselle
4 œufs
20 cl de crème fraîche
1 cuil. à soupe de graines de cumin
Sel, poivre

\+ Si vous ne disposez pas de graines de cumin, vous pouvez ajouter 1 cuil. à café de cumin en poudre à l'appareil à quiche.

TARTE AU POULET ET AUX CHAMPIGNONS

DIFFICULTÉ : facile
COÛT : raisonnable

PRÉPARATION : 30 minutes
CUISSON : 35 minutes

POUR 6 PERSONNES

- 1 pâte feuilletée maison (voir p. 7) ou du commerce
- 3 blancs de poulet
- 300 g de champignons de Paris
- 1 citron non traité
- 5 brins de persil
- 2 échalotes
- 3 œufs
- 25 cl de crème fraîche
- 2 pincées de noix muscade
- 100 g de gruyère râpé
- 1 cuil. à soupe d'huile végétale
- 30 g de beurre
- Sel, poivre

Lavez le citron. Prélevez-en le zeste et pressez le jus. Coupez les blancs de poulet en petits dés. Versez dessus le jus et le zeste de citron. Ajoutez l'huile. Salez et poivrez. Mélangez. Réservez au frais.

Préchauffez le four à 210 °C (th. 7). Étalez la pâte dans un moule à tarte et piquez le fond avec une fourchette. Faites-le cuire à blanc (voir p. 8) pendant 10 min.

Lavez et ciselez le persil. Pelez et émincez les échalotes. Coupez la base terreuse des champignons. Passez-les rapidement sous l'eau et émincez-les.

Faites fondre le beurre dans une poêle. Ajoutez les dés de poulet égouttés, faites-les dorer à feu vif pendant 5 min, puis retirez-les de la poêle.

Dans la même poêle, mettez à fondre les échalotes. Dès qu'elles sont translucides, ajoutez les champignons. Faites-les cuire 5 min à feu vif. Retirez éventuellement l'eau de cuisson qui ne se serait pas évaporée. Salez et poivrez.

Dans un bol, battez les œufs avec la crème fraîche, le persil et la noix muscade. Salez et poivrez.

Tapissez le fond de la tarte de gruyère râpé. Parsemez de dés de poulet. Couvrez avec les champignons à l'échalote. Versez dessus le mélange œufs-crème fraîche. Enfournez et faites cuire à 210 °C (th. 7) pendant 30 à 35 min.

TARTE AU SAUMON ET AU CHEDDAR

DIFFICULTÉ : facile
COÛT : raisonnable

PRÉPARATION : 20 minutes
CUISSON : 35 minutes

POUR 6 PERSONNES

1 pâte feuilletée maison (voir p. 7) ou du commerce
4 tranches de saumon fumé
300 g de cheddar
1 bouquet de ciboulette
3 œufs
25 cl de crème fraîche épaisse
Sel, poivre

Préchauffez le four à 210 °C (th. 7). Abaissez la pâte feuilletée dans un moule à tarte. Piquez la pâte en plusieurs endroits avec une fourchette. Réservez-la au réfrigérateur.

Coupez le cheddar en tranches, puis tapissez la pâte feuilletée avec le fromage. Recouvrez-le avec les tranches de saumon fumé.

Dans un saladier, battez les œufs et la crème fraîche épaisse jusqu'à ce que le mélange soit bien homogène. Salez légèrement et poivrez.

Lavez la ciboulette. Ciselez-la finement, ajoutez-la à la préparation aux œufs et mélangez bien. Versez la préparation sur le saumon et le cheddar. Enfournez la tarte pour 35 min à 210 °C (th. 7).

TARTE AU THON

DIFFICULTÉ : facile
COÛT : raisonnable

PRÉPARATION : 20 minutes
CUISSON : 35 minutes

Préchauffez le four à 210 °C (th. 7). Abaissez la pâte feuilletée dans un moule à tarte. Piquez la pâte en plusieurs endroits avec une fourchette. Réservez-la au réfrigérateur.

Lavez les tomates, coupez-les en fines rondelles et laissez-les égoutter dans une passoire.

Badigeonnez le fond de la tarte d'une couche de moutarde. Émiettez le thon sur la moutarde. Disposez ensuite les rondelles de tomate sur le thon. Salez légèrement et poivrez.

Dans un bol, battez les œufs en omelette. Ajoutez la crème fraîche et battez jusqu'à ce que le mélange soit homogène. Salez légèrement et poivrez. Versez la préparation sur la garniture. Enfournez 35 min.

POUR 6 PERSONNES

1 pâte feuilletée maison (voir p. 7) ou du commerce
1 grosse boîte de thon au naturel (250-300 g égoutté)
3 tomates
4 ou 5 cuil. à soupe de moutarde de Dijon
3 œufs
25 cl de crème fraîche
Sel, poivre

\+ Pour cette recette, vous pouvez aussi utiliser de la moutarde à l'ancienne qui apportera une note un peu plus acidulée à votre tarte.
N'hésitez pas à ajouter des morceaux d'olives vertes à cette recette, leur parfum se marie parfaitement avec les saveurs du thon.

50

TARTE AUX TROIS FROMAGES

DIFFICULTÉ : facile
COÛT : raisonnable

PRÉPARATION : 20 minutes
CUISSON : 35 minutes

POUR 6 PERSONNES

1 pâte feuilletée maison (voir p. 7) ou du commerce
100 g de beaufort
100 g de comté
100 g d'emmenthal
4 œufs
35 cl de crème liquide
1 pincée de noix muscade moulue
Sel, poivre

Préchauffez le four à 210 °C (th. 7). Abaissez la pâte feuilletée dans un moule à tarte. Piquez la pâte avec les dents d'une fourchette. Réservez-la au réfrigérateur.

Râpez le comté, le beaufort et l'emmenthal. Dans un saladier, battez les œufs, ajoutez la crème liquide et les fromages râpés. Mélangez bien. Salez légèrement et poivrez généreusement la préparation. Parfumez-la avec la noix muscade.

Versez la préparation dans le moule, enfournez et faites cuire à 210 °C (th. 7) pendant 35 min.

+ Pour cette recette, vous pouvez remplacer l'emmenthal par d'autres fromages, tels que le roquefort ou le gorgonzola, qui renforceront le goût de cette tarte.

52

TARTE AUX ÉPINARDS ET AU SAUMON

DIFFICULTÉ : facile
COÛT : raisonnable

PRÉPARATION : 30 minutes
CUISSON : 35 minutes

POUR 6 PERSONNES

- 1 pâte brisée maison (voir p. 6) ou du commerce
- 4 tranches de saumon fumé
- 400 g de pousses d'épinards
- 1 oignon
- 20 g de beurre
- 2 œufs
- 25 cl de crème fraîche
- 1 pincée de noix muscade moulue
- Sel, poivre

Préchauffez le four à 200 °C (th. 6-7). Déroulez la pâte brisée dans un moule et piquez le fond de tarte avec une fourchette. Faites-le cuire à blanc, au four, pendant 15 min (voir p. 8).

Lavez, puis égouttez les épinards. Équeutez-les. Pelez et émincez l'oignon. Faites chauffer le beurre dans une poêle, ajoutez l'oignon et faites-le cuire jusqu'à ce qu'il devienne translucide. Ajoutez les épinards. Faites-les revenir 5 min. Salez légèrement et parfumez avec la pointe de noix muscade. Réservez.

Dans un bol, battez les œufs avec la crème fraîche. Salez légèrement, poivrez généreusement.

Tapissez le fond de tarte avec les tranches de saumon fumé. Recouvrez-les avec la fondue d'épinards, puis versez dessus la préparation aux œufs. Glissez la tarte dans le four et faites cuire à 200 °C (th. 6-7) pendant 35 min.

+ Pour cette recette, vous pouvez aussi remplacer les épinards par du cresson ou des blettes que vous préparerez de la même façon.

54

TARTE AUX NOIX DE SAINT-JACQUES

DIFFICULTÉ : facile

COÛT : cher

PRÉPARATION : 30 minutes

CUISSON : 50 minutes

POUR 6 PERSONNES

1 pâte brisée maison (voir p. 6) ou du commerce
3 blancs de poireau
18 noix de saint-jacques
40 g de beurre
30 cl de crème liquide
3 œufs
2 pincées de noix muscade moulue
Sel, poivre

Préchauffez le four à 210 °C (th. 7). Déroulez la pâte brisée dans un moule à tarte et piquez le fond avec une fourchette.

Coupez les blancs de poireau dans le sens de la longueur, lavez-les à l'eau courante. Égouttez-les et coupez-les en rondelles.

Dans une poêle, faites fondre le beurre. Ajoutez les blancs de poireau. Faites-les cuire 10 min jusqu'à ce qu'ils soient bien tendres. Salez et poivrez. Éliminez, si nécessaire, l'eau de cuisson qui ne s'est pas évaporée. Réservez.

Dans un saladier, battez les œufs en omelette avec la crème liquide et la noix muscade. Salez et poivrez.

Répartissez les noix de saint-jacques sur le fond de tarte. Couvrez-les avec les poireaux cuits, puis versez sur le tout l'appareil à quiche. Enfournez et faites cuire à 210 °C (th. 7) pendant 30 à 35 min.

+ Vous pouvez utiliser pour cette recette des noix de saint-jacques surgelées.

TARTE AUX POIREAUX ET AU LARD

DIFFICULTÉ : facile
COÛT : bon marché

PRÉPARATION : 30 minutes
CUISSON : 1 heure

POUR 6 PERSONNES

1 pâte feuilletée maison (voir p. 7) ou du commerce
4 gros poireaux
150 g de poitrine fumée tranchée
30 g de beurre
25 cl crème fraîche épaisse
3 œufs
1 pincée de noix muscade moulue
Sel, poivre

Préchauffez le four à 210 °C (th. 7). Déroulez la pâte feuilletée dans un moule à tarte. Piquez le fond de tarte avec une fourchette. Réservez-la au réfrigérateur.

Éliminez le vert des poireaux. Coupez les blancs dans le sens de la longueur, lavez-les à l'eau courante. Égouttez-les et débitez-les en rondelles. Taillez les tranches de poitrine fumée en lardons.

Faites chauffer le beurre dans une poêle et faites fondre les poireaux pendant 10 min, à découvert, en veillant bien à ce qu'ils ne brûlent pas. Ajoutez les lardons aux poireaux et poursuivez la cuisson pendant 10 min. Égouttez si l'eau de cuisson n'est pas complètement évaporée. Réservez.

Dans un saladier, mélangez les œufs entiers avec la crème fraîche. Salez, poivrez et parfumez avec la noix muscade.

Répartissez le mélange de poireaux et de lardons sur la pâte à tarte. Couvrez avec l'appareil à quiche. Enfournez 30 à 35 min. Servez chaud.

TARTE CHAUDE À LA MOUTARDE

DIFFICULTÉ : facile
COÛT : bon marché

PRÉPARATION : 20 minutes
CUISSON : 30 minutes

POUR 6 PERSONNES

- 1 pâte feuilletée maison (voir p. 7) ou du commerce
- 3 tomates
- 4 ou 5 cuil. à soupe de moutarde de Dijon
- 2 tranches de jambon blanc
- 200 g de gruyère râpé
- 20 cl de crème fraîche
- 2 œufs
- Sel, poivre

Préchauffez le four à 210 °C (th. 7). Étalez la pâte feuilletée dans un moule à tarte. Piquez le fond de tarte avec les dents d'une fourchette. Réservez-la au réfrigérateur.

Tranchez finement les tomates. Faites-les égoutter quelques minutes dans une passoire. Badigeonnez le fond de la tarte avec la moutarde. Posez par-dessus le jambon de façon à recouvrir toute la surface. Disposez les rondelles de tomate sur le jambon.

Dans un saladier, mélangez la crème fraîche, les œufs et le gruyère râpé. Salez et poivrez. Versez la préparation sur la garniture. Enfournez à 210 °C (th. 7) et faites cuire pendant environ 30 min.

+ Pour cette recette, vous pouvez également utiliser de la moutarde à l'ancienne qui apportera une note un peu plus acidulée à votre tarte. Vous pouvez également remplacer le jambon blanc par du jambon séché ou fumé. Dans ce cas, ne salez pas trop l'appareil à quiche, le jambon l'est suffisamment.

60 TARTE CHÈVRE-TOMATES

DIFFICULTÉ : facile
COÛT : bon marché

PRÉPARATION : 30 minutes
CUISSON : 50 minutes

POUR 6 PERSONNES

1 pâte brisée maison (voir p. 6) ou du commerce
4 belles tomates
150 g de fromage de chèvre en bûche
3 œufs
20 cl de crème liquide
2 cuil. à soupe d'huile d'olive
Sel, poivre

Préchauffez le four à 200 °C (th. 6-7). Étalez la pâte brisée dans un moule à tarte et piquez le fond avec une fourchette. Faites-le cuire à blanc, au four, pendant 15 min (voir p. 8).

Lavez les tomates. Coupez-les en rondelles épaisses et retirez les pépins. Coupez le fromage de chèvre en rondelles.

Dans un saladier, battez ensemble les œufs, la crème liquide et l'huile d'olive. Salez et poivrez le mélange.

Tapissez le fond de la tarte de rondelles de tomate et de fromage de chèvre. Versez dessus l'appareil à quiche. Faites cuire au four à 200 °C (th. 6-7) pendant 35 min.

TARTE COURGETTES-FETA-TOMATES

DIFFICULTÉ : facile
COÛT : bon marché

PRÉPARATION : 30 minutes
CUISSON : 45 minutes

Préchauffez le four à 210 °C (th. 7). Étalez la pâte feuilletée dans un moule à tarte. Piquez le fond de tarte avec une fourchette. Réservez-la au réfrigérateur.

Lavez les courgettes. Coupez-les en rondelles de 1 cm d'épaisseur environ et plongez-les 5 min dans une casserole d'eau bouillante salée. Rafraîchissez-les sous l'eau froide et égouttez. Coupez les tomates en quatre. Éliminez les pépins et faites-les égoutter quelques minutes dans une passoire.

Couvrez le fond de tarte avec les rondelles de courgette, puis avec la feta coupée en gros dés. Posez ensuite par-dessus quelques quartiers de tomate.

Dans un saladier, mélangez la crème fraîche, les œufs entiers et l'huile d'olive. Salez, poivrez et parfumez avec la noix muscade. Ajoutez le basilic que vous aurez préalablement lavé et ciselé.

Versez la préparation aux œufs sur la garniture. Enfournez pour 35 min.

POUR 6 PERSONNES

1 pâte feuilletée maison (voir p. 7) ou du commerce
2 courgettes moyennes
3 tomates
200 g de feta au lait de brebis
20 cl de crème fraîche
3 œufs
1 cuil. à soupe d'huile d'olive
1 petit bouquet de basilic frais
1 pincée de noix muscade moulue
Sel, poivre

TARTE POULET-CURRY-TOMATES

DIFFICULTÉ : facile
COÛT : raisonnable

PRÉPARATION : 35 minutes
REPOS : 30 minutes
CUISSON : 35 minutes

POUR 6 PERSONNES

1 pâte feuilletée maison (voir p. 7) ou du commerce
300 g de blanc de poulet
2 petites courgettes fermes
3 tomates
2 cuil. à soupe de curry
Le jus de ½ citron jaune
1 cuil. à soupe de sauce soja
20 cl de crème fraîche
3 œufs
Sel, poivre

Détaillez le blanc de poulet en fines lamelles ou en dés. Dans un saladier, couvrez-les de la poudre de curry. Ajoutez le jus du demi-citron et la sauce soja. Mélangez bien, puis couvrez d'un film alimentaire et gardez au réfrigérateur au moins 30 min.

Lavez les courgettes. Coupez-les en rondelles de 1 cm d'épaisseur environ et plongez-les 5 min dans une casserole d'eau bouillante salée. Rafraîchissez-les sous l'eau froide et égouttez-les. Réservez. Lavez les tomates et coupez-les en quatre. Éliminez leurs pépins et faites-les égoutter quelques minutes. Réservez.

Préchauffez le four à 210 °C (th. 7). Étalez la pâte feuilletée dans un moule à tarte. Piquez le fond de tarte avec une fourchette. Réservez-la au réfrigérateur.

Faites chauffer une poêle antiadhésive. Faites-y revenir le poulet à feu vif pendant 5 min. Veillez à ce que les morceaux soient bien dissociés les uns des autres et qu'ils soient bien dorés. Procédez éventuellement en plusieurs fois.

Couvrez le fond de tarte avec les morceaux de poulet cuits et les rondelles de courgette. Posez par-dessus les quartiers de tomate.

Dans un saladier, mélangez la crème fraîche et les œufs. Salez et poivrez. Versez la préparation sur la garniture. Faites cuire au four à 210 °C (th. 7) pendant environ 35 min.

66

TARTES FLAMBÉES

DIFFICULTÉ : facile
COÛT : raisonnable

PRÉPARATION : 20 minutes
REPOS : 30 minutes
CUISSON : 8 minutes

POUR 6 PERSONNES

Pour la pâte à pizza
400 g de farine
40 g de sucre
40 g de levure de boulanger
2 cuil. à café de sel fin

Garniture
2 oignons
150 g de lardons fumés
500 g de fromage blanc
100 g de crème fraîche
3 jaunes d'œufs
30 g de farine + pour la plaque
Huile pour la plaque
Sel, poivre

Matériel
Robot

Préchauffez le four à 240 °C (th. 8). Dans le bol d'un robot, mélangez la farine, le sel et le sucre. Faites tiédir 20 cl d'eau, délayez-y la levure et versez-la en filet dans le bol du robot. Roulez la pâte en boule et laissez-la lever près d'une source de chaleur pendant 30 min.

Fractionnez la pâte en 6 morceaux égaux et étalez-les le plus finement possible. Déposez ces morceaux sur la plaque du four huilée et farinée.

Pelez et émincez les oignons. Faites-les blanchir avec les lardons dans de l'eau bouillante pendant 4 min. Égouttez.

Mélangez le fromage blanc, la crème, les jaunes d'œufs et la farine. Salez et poivrez cette préparation et nappez-en chaque fond de tarte. Parsemez d'oignons et de lardons et enfournez pour 4 min, jusqu'à ce que les tartes soient bien dorées. Servez aussitôt.

+ Vous pouvez, selon les goûts, ajouter du fromage râpé ou des champignons. Servez avec une salade feuille de chêne. Assaisonnez-la de 2 cuil. à soupe de vinaigre « melflor » et de 4 cuil. à soupe d'huile de pépins de raisin. Salez et poivrez. Parfumez d'une échalote ciselée.

68

TARTE TIFLETTE

DIFFICULTÉ : facile
COÛT : raisonnable

PRÉPARATION : 30 minutes
REPOS : 30 heures
CUISSON : 55 minutes

POUR 6 PERSONNES

1 pâte brisée maison (voir p. 6) ou du commerce
600 g de pommes de terre à chair ferme
½ reblochon, coupé en fines lamelles
100 g de lardons fumés
1 oignon
50 g de beurre + pour le moule
Sel, poivre

Matériel
Robot

Préchauffez le four à 180 °C (th. 6). Dans le bol d'un robot, malaxez les ingrédients de la pâte pendant 1 min, puis ajoutez 2 cuil. à soupe d'eau froide et fouettez à nouveau rapidement pour obtenir une boule homogène. Enveloppez-la dans du film alimentaire et laissez-la reposer au frais 30 min.

Étalez la pâte et garnissez-en un moule préalablement beurré. Réservez au réfrigérateur.

Faites cuire les pommes de terre à l'eau salée pendant 25 min. Pelez-les et coupez-les en rondelles. Pelez et émincez l'oignon et faites-le fondre à la poêle dans 30 g de beurre. Retirez l'oignon et, à la place, faites revenir les lardons 2 à 3 min. Ajoutez les pommes de terre et l'oignon. Salez, poivrez et poursuivez la cuisson pendant quelques minutes.

Garnissez le fond de tarte avec le mélange aux pommes de terre, le reblochon et le reste du beurre en petits dés. Enfournez pour 20 min. Servez aussitôt.

+ Servez cette tarte avec une salade légère, type batavia, assaisonnée de 2 cuil. à soupe de vinaigre de cidre et de 2 cuil. à soupe d'huile de colza. Salez et poivrez. Parfumez d'une échalote ciselée.

70 TARTE FAÇON PISSALADIÈRE

DIFFICULTÉ : facile
COÛT : raisonnable

PRÉPARATION : 20 minutes
CUISSON : 45 minutes

POUR 6 PERSONNES

250 g de pâte à pizza (voir p. 66)
5 oignons
1 cuil. à caféde romarin frais ciselé
1 cuil. à café de thym
2 cuil. à café de sucre
12 filets d'anchois
12 olives noires
4 cuil. à soupe d'huile d'olive
+ pour la plaque
Farine pour la plaque

Préchauffez le four à 220 °C (th. 7). Étalez la pâte et déposez-la sur une plaque de cuisson huilée et farinée.

Faites revenir les oignons émincés, le romarin et le thym, à feu doux, dans l'huile d'olive pendant 20 min, jusqu'à ce qu'ils soient fondus. Saupoudrez de sucre et laissez cuire quelques minutes.

Garnissez la pâte avec les oignons, décorez avec les anchois et les olives. Enfournez et faites cuire 20 min. Servez tiède ou froid.

+ Servez avec de la roquette. Assaisonnez-la de 4 cuil. à soupe d'une très bonne huile d'olive, de sel et de poivre. Parsemez de copeaux de parmesan.

72 VERY NICE TARTE

DIFFICULTÉ : facile

COÛT : raisonnable

PRÉPARATION : 15 minutes

CUISSON : 50 minutes

Préchauffez le four à 180 °C (th. 6). Étalez la pâte et garnissez-en un moule beurré. Tapissez-la de papier sulfurisé, recouvrez de pois secs et enfournez pour 20 min.

Coupez le blanc des blettes en tronçons de 1 cm de longueur et hachez grossièrement le vert. Pelez et émincez l'oignon. Faites-le revenir avec le blanc des blettes, à feu vif, dans l'huile d'olive pendant 10 min, puis ajoutez le vert et prolongez la cuisson pendant 5 min. Salez et poivrez.

Étalez la faisselle sur le fond de tarte et recouvrez du mélange oignon-blettes. Disposez les olives et enfournez pour 15 min. Servez aussitôt.

POUR 6 PERSONNES

300 g de pâte brisée (voir p. 6)
1 botte de blettes
1 oignon
150 g de faisselle égouttée
15 petites olives noires
3 cuil. à soupe d'huile d'olive
Beurre pour le moule
Sel, poivre

Matériel
Papier sulfurisé

+ Si vous aimez les associations sucrées-salées, vous pouvez ajouter une poignée de raisins secs blonds sur la couche de faisselle. Si vous êtes plutôt salé, ajoutez quelques filets d'anchois à l'huile sur les blettes.

74 TARTE AUX AUBERGINES

DIFFICULTÉ : facile
COÛT : raisonnable

PRÉPARATION : 10 minutes
CUISSON : 20 minutes

Préchauffez le four à 200 °C (th. 6-7). Lavez les aubergines et coupez-les en dés. Faites-les revenir à feu vif dans l'huile d'olive pendant 5 min. Salez et poivrez.

Étalez la pâte à pizza sur une plaque de cuisson huilée et farinée. Garnissez le fond de tarte de dés d'aubergine, de rondelles de tomate et de mozzarella taillée en cubes. Parsemez d'origan. Enfournez pour 15 min et servez aussitôt.

POUR 6 PERSONNES

250 g de pâte à pizza (voir p. 66)
3 aubergines
1 grosse tomate
100 g de mozzarella
1 cuil. à café d'origan ciselé
3 cuil. à soupe d'huile d'olive
+ pour la plaque
Farine pour la plaque
Sel, poivre

+ Servez avec de la roquette. Assaisonnez-la de 3 cuil. à soupe d'une très bonne huile d'olive et de 1 cuil. à soupe de vinaigre balsamique. Salez et poivrez.

TARTE AUX CAROTTES

DIFFICULTÉ : facile
COÛT : raisonnable

PRÉPARATION : 20 minutes
CUISSON : 40 minutes

Préchauffez le four à 180 °C (th. 6). Étalez la pâte et garnissez-en un moule beurré. Réservez au réfrigérateur.

Faites revenir les oignons émincés et les carottes dans l'huile chaude pendant 5 min. Parfumez de coriandre.

Battez les œufs, la crème et le parmesan. Incorporez le mélange aux carottes, salez et poivrez. Versez sur le fond de tarte et enfournez pour 35 min. Servez aussitôt.

POUR 6 PERSONNES

300 g de pâte brisée (voir p. 6)
600 g de carottes râpées
3 oignons
6 cuil. à soupe de coriandre ciselée
3 œufs
50 g de parmesan râpé
30 cl de crème liquide
1 cuil. à soupe d'huile
Beurre pour le moule
Sel, poivre

+ Servez avec des pousses d'épinards, assaisonnées de 2 cuil. à soupe d'huile de graines de courge, de sel, de poivre et de graines de courge grillées.

TARTE AUX LÉGUMES GRILLÉS

DIFFICULTÉ : facile
COÛT : raisonnable

PRÉPARATION : 30 minutes
CUISSON : 55 minutes

POUR 6 PERSONNES

300 g de pâte brisée (voir p. 6)
2 poivrons rouges
2 oignons rouges
1 aubergine
1 courgette
20 tomates cerise
2 gousses d'ail
1 cuil. à soupe de thym
1 cuil. à soupe de romarin ciselé
8 cuil. à soupe d'huile d'olive
2 cuil. à soupe de vinaigre balsamique
Sel, poivre

Matériel
Papier sulfurisé

Préchauffez le four à 180 °C (th. 6). Étalez la pâte et parsemez-la de romarin. Incrustez les petites feuilles dans la pâte à l'aide d'un rouleau à pâtisserie. Garnissez-en un moule puis tapissez de papier sulfurisé, recouvrez de pois secs et enfournez pour 20 min. Retirez le papier et les pois, et prolongez la cuisson pendant 5 min.

Faites griller les poivrons au four 10 min en les retournant régulièrement. Placez-les 10 min dans un sac plastique, puis pelez-les et coupez-les en lanières.

Lavez l'aubergine et la courgette, essuyez-les et coupez-les en tranches. Épluchez les oignons et ciselez-les. Pelez et émincez l'ail.

Dans la lèchefrite, disposez les tranches d'aubergine et de courgette, les tomates cerise et les oignons. Arrosez de 4 cuil. à soupe d'huile d'olive, parsemez d'ail, de thym, de sel et de poivre. Enfournez 30 min.

Mélangez le vinaigre balsamique avec le restant d'huile d'olive, du sel et du poivre. Ajoutez les légumes grillés et versez sur la pâte cuite au moment de servir.

80

TARTE À L'ANDOUILLE

DIFFICULTÉ : facile
COÛT : raisonnable

PRÉPARATION : 20 minutes
CUISSON : 1 h 10

POUR 6 PERSONNES

300 g de pâte brisée (voir p. 6)
300 g de pommes de terre à chair ferme
150 g d'andouille, coupée en tranches
10 cl de crème liquide
5 cl de vin blanc
2 échalotes
30 g de beurre + pour le moule
Sel, poivre

Matériel
Papier sulfurisé

Préchauffez le four à 180 °C (th. 6). Étalez la pâte et garnissez-en un moule beurré. Tapissez-la de papier sulfurisé, recouvrez de pois secs et enfournez pour 20 min.

Faites cuire les pommes de terre à l'eau salée pendant 25 min. Pelez-les et coupez-les en rondelles. Faites fondre les échalotes émincées dans le beurre. Versez le vin blanc, laissez réduire quelques minutes, puis ajoutez la crème et laissez épaissir, à feu moyen, pendant environ 5 min. Salez et poivrez.

Disposez sur le fond de tarte les tranches d'andouille et de pommes de terre en rosace, en les intercalant. Nappez de la sauce aux échalotes et enfournez pour 15 min. Servez aussitôt.

+ Servez avec une belle laitue. Assaisonnez-la de 3 cuil. à soupe d'huile de pépins de raisin et de 1 cuil. à soupe de vinaigre de vin. Salez et poivrez. Parfumez d'une échalote ciselée.

82

TARTE AU BRIE ET AUX POIREAUX

DIFFICULTÉ : facile
COÛT : raisonnable

PRÉPARATION : 15 minutes
CUISSON : 35 minutes

Préchauffez le four à 200 °C (th. 6-7). Étalez la pâte et garnissez-en un moule beurré. Piquez le fond avec une fourchette. Réservez au réfrigérateur.

Coupez les poireaux en rondelles et faites-les blanchir pendant 5 min. Égouttez. Fouettez ensemble l'œuf, la moutarde et la crème. Assaisonnez.

Répartissez les poireaux sur le fond de tarte, versez le mélange à la moutarde, puis disposez le brie. Enfournez pour 30 min. Servez aussitôt.

POUR 6 PERSONNES

250 g de pâte feuilletée toute prête
200 g de brie, coupé en tranches
3 poireaux
1 œuf
50 g de moutarde
20 cl de crème liquide
Beurre pour le moule
Sel, poivre

+ Servez avec une laitue. Assaisonnez-la de 2 cuil. à soupe d'huile d'olive, 1 de vinaigre de vin et 1 de moutarde.

TARTE AUX COURGETTES ET À L'AGNEAU

DIFFICULTÉ : facile

COÛT : un peu cher

PRÉPARATION : 15 minutes

CUISSON : 45 minutes

POUR 6 PERSONNES

- 250 g de pâte feuilletée toute prête
- 500 g d'agneau haché
- 4 courgettes
- 1 tomate
- 1 oignon
- 1 gousse d'ail
- 1 cuil. à café de thym
- 50 g d'emmental râpé
- 4 cuil. à soupe d'huile d'olive
- Beurre pour le moule
- Sel, poivre

Préchauffez le four à 200 °C (th. 6-7). Étalez la pâte et garnissez-en un moule beurré. Piquez le fond avec les dents d'une fourchette. Réservez au réfrigérateur.

Coupez les courgettes en rondelles et faites-les revenir, à feu doux, dans 2 cuil. à soupe d'huile d'olive pendant 10 min. Réservez.

Dans la même poêle, faites dorer l'oignon émincé dans le restant d'huile d'olive, puis ajoutez la viande, l'ail émincé, le thym et la tomate pelée, épépinée et coupée en dés. Assaisonnez et laissez mijoter 5 min.

Disposez une partie des courgettes sur le fond de tarte, recouvrez de viande, puis du reste de courgettes. Parsemez de fromage râpé. Enfournez pour 30 min. Servez aussitôt.

+ Servez avec des carottes râpées. Assaisonnez-les de 2 cuil. à soupe d'huile d'olive et de 2 cuil. à soupe de jus d'orange. Salez et poivrez. Parsemez de coriandre ciselée.

86

TARTE AUX ROUGETS ET AUX FENOUILS

DIFFICULTÉ : facile

COÛT : un peu cher

PRÉPARATION : 25 minutes

CUISSON : 35 minutes

POUR 6 PERSONNES

- 300 g de pâte brisée (voir p. 6)
- 8 filets de rouget
- 4 bulbes de fenouil
- 1 cuil. à soupe de graines de fenouil
- 1 cuil. à soupe de ciboulette ciselée
- 8 cuil. à soupe d'huile d'olive
- 2 cuil. à soupe de pastis
- Beurre pour le moule
- Sel, poivre

Matériel

Papier sulfurisé

Préchauffez le four à 180 °C (th. 6). Faites mariner les rougets dans le pastis et 4 cuil. à soupe d'huile d'olive pendant 15 min. Salez et poivrez.

Étalez la pâte et parsemez-la de graines de fenouil. Incrustez les graines dans la pâte à l'aide d'un rouleau à pâtisserie, puis garnissez-en un moule beurré. Tapissez de papier sulfurisé, recouvrez de pois secs et enfournez pour 15 min.

Lavez et épluchez les bulbes de fenouil. Coupez-les en tranches fines, salez et poivrez. Faites-les ensuite braiser à feu doux, dans le restant d'huile d'olive, pendant 15 min.

Garnissez le fond de tarte de fenouils, répartissez les filets de rouget et arrosez de la marinade. Enfournez pour 5 min. Parsemez de ciboulette et servez aussitôt.

\+ Servez avec une salade romaine. Assaisonnez-la de 3 cuil. à soupe d'huile d'olive et de 2 cuil. à soupe de jus de citron. Salez et poivrez.

88

TARTE AU SAUMON, CHANTILLY AU CITRON

DIFFICULTÉ : facile

COÛT : cher

PRÉPARATION : 10 minutes

CUISSON : 20 minutes

POUR 6 PERSONNES

250 g de pâte feuilletée toute prête
6 tranches de saumon
25 cl de crème liquide bien froide
Le zeste de 1 citron
4 cuil. à soupe d'aneth ciselé
Huile et farine pour la plaque
Sel

Préchauffez le four à 200 °C (th. 6-7). Étalez la pâte sur une plaque huilée et farinée. Enfournez pour 20 min.

Taillez les tranches de saumon en belles lanières et disposez-les sur la pâte cuite à blanc. Montez la crème en chantilly et incorporez-y le zeste de citron râpé et l'aneth. Salez. À l'aide d'une petite cuillère, déposez des petites quantités de crème sur le saumon. Servez aussitôt.

+ Servez cette tarte, coupée en petites portions, à l'apéritif en amuse-bouche.

90

TARTE FEUILLETÉE AUX CÈPES, PARMESAN ET POUSSES D'ÉPINARDS

DIFFICULTÉ : facile
COÛT : un peu cher

PRÉPARATION : 20 minutes
CUISSON : 30 minutes

POUR 6 PERSONNES

- 250 g de pâte feuilletée toute prête
- 500 g de cèpes
- 4 gousses d'ail
- 1 bouquet de persil
- 2 poignées de pousses d'épinards
- 40 g de beurre
- 50 g de parmesan à la coupe
- Huile et farine pour la plaque
- Sel, poivre

Préchauffez le four à 200 °C (th. 6-7). Étalez la pâte sur une plaque de cuisson huilée et farinée. Réservez au réfrigérateur.

Nettoyez les cèpes et coupez-les en tranches. Dans une poêle, faites fondre le beurre à feu vif et faites revenir les cèpes pendant 5 min. Ajoutez l'ail écrasé et le persil ciselé, salez et poivrez, mélangez bien et poursuivez la cuisson pendant quelques minutes.

Répartissez les cèpes sur le fond de tarte et enfournez pour 20 min. Disposez les pousses d'épinards et le parmesan détaillé en copeaux. Servez aussitôt.

+ Vous pouvez servir cette tarte aux cèpes avec quelques belles tranches de jambon cru.

92

TARTE AUX POIVRONS

DIFFICULTÉ : facile

COÛT : raisonnable

PRÉPARATION : 20 minutes

CUISSON : 50 minutes

POUR 6 PERSONNES

250 g de pâte à pizza (voir p. 66)
3 oignons
1 poivron vert
1 poivron rouge
1 poivron jaune
1 poivron orange
1 cuil. à café de romarin frais ciselé
4 cuil. à soupe d'huile d'olive
Huile et farine pour la plaque
Sel

Préchauffez le four à 220 °C (th. 7-8). Étalez la pâte et déposez-la sur une plaque de cuisson huilée et farinée.

Pelez et émincez les oignons. Faites-les revenir, à feu doux, dans l'huile d'olive pendant environ 20 min, jusqu'à ce qu'ils soient fondus. Salez.

Faites griller les poivrons au four pendant 10 min en les retournant régulièrement. Enfermez-les ensuite 10 min dans un sac en plastique, puis pelez-les et coupez-les en lanières.

Éparpillez le romarin sur le fond de tarte et incrustez les petites feuilles dans la pâte à l'aide d'un rouleau à pâtisserie. Garnissez ensuite avec les oignons, puis les poivrons en alternant les couleurs. Enfournez pour 20 min. Servez tiède ou froid.

+ Cette tarte aux poivrons est délicieuse avec un mesclun assaisonné d'une très bonne huile d'olive, de sel, de poivre et accompagné d'un assortiment de fromages de chèvre.

94 TARTE AUX TOMATES CERISE

DIFFICULTÉ : facile
COÛT : raisonnable

PRÉPARATION : 10 minutes
CUISSON : 20 minutes

Préchauffez le four à 200 °C (th. 6-7). Étalez la pâte sur une plaque de cuisson huilée et farinée. Nappez de tapenade et disposez les tomates cerise entières.

Parsemez de thym et arrosez d'huile d'olive. Salez. Enfournez pour 20 min de cuisson et servez aussitôt.

POUR 6 PERSONNES

250 g de pâte à pizza (voir p. 66)
250 g de tomates cerise
100 g de tapenade noire
1 cuil. à soupe de thym ciselé
4 cuil. à soupe d'huile d'olive
Huile et farine pour la plaque
Sel

\+ Servez avec de la roquette. Assaisonnez-la de 4 cuil. à soupe d'une très bonne huile d'olive, de sel et de poivre, et parsemez de copeaux de parmesan.

TOURTE FLAMANDE

DIFFICULTÉ : facile
COÛT : raisonnable

PRÉPARATION : 30 minutes
CUISSON : 1 heure

POUR 6 PERSONNES

1 rouleau de pâte brisée
2 poireaux
2 oignons
200 g de poitrine fumée
1 maroilles
30 g de beurre
3 œufs
20 cl de crème fraîche
2 pincées de noix muscade moulue
Sel, poivre

Préchauffez le four à 180 °C (th. 6). Déroulez la pâte brisée dans un moule à tarte et piquez le fond avec une fourchette. Réservez.

Éliminez le vert des poireaux. Coupez les blancs dans la longueur, lavez-les à l'eau courante. Égouttez-les et coupez-les en rondelles. Épluchez et émincez les oignons. Dans une poêle, faites fondre les poireaux et les oignons avec le beurre pendant 10 min, à découvert, en veillant à ce qu'ils ne brûlent pas.

Coupez la poitrine fumée en lardons. Mettez-les dans une casserole, couvrez d'eau froide et portez à ébullition. Laissez cuire 5 min, rafraîchissez-les sous l'eau froide, puis égouttez. Ajoutez les lardons aux oignons et aux poireaux. Faites cuire encore 5 min. Éliminez, si nécessaire, l'eau de cuisson qui ne s'est pas évaporée. Réservez.

Coupez le maroilles en lamelles en gardant la croûte. Dans un saladier, mélangez les œufs, la crème fraîche et la noix muscade. Salez et poivrez.

Répartissez la garniture d'oignons, de poireaux et de lardons sur le fond de tarte. Couvrez des lamelles de maroilles. Versez dessus l'appareil à quiche. Enfournez pour 35 à 40 min.

98 TOURTE BUFFALO

DIFFICULTÉ : facile
COÛT : raisonnable

PRÉPARATION : 1 heure
CUISSON : 50 minutes

POUR 6 PERSONNES

- 400 g de pâte feuilletée
- 600 g de viande hachée de bœuf
- 2 oignons émincés
- 2 gousses d'ail hachées
- 2 piments rouges égrainés
- 4 tomates
- 5 cl d'huile d'olive
- Sel, poivre

Plongez les tomates 10 s dans l'eau bouillante. Retirez la peau et les pépins, puis concassez-les grossièrement.

Versez l'huile dans une casserole et faites-y fondre les oignons, les piments et l'ail. Une fois le tout fondu, ajoutez les tomates, laissez cuire 10 min pour que le jus s'évapore. Ajoutez la viande hachée, salez, poivrez, et faites cuire encore 10 min, sur feu plus vif, jusqu'à ce que la viande soit bien saisie. Préchauffez le four à 200 °C (th. 7).

Étalez la pâte de manière à former deux grands ronds dont l'un doit être un peu plus grand que l'autre. Chemisez un moule à manquer avec le rond le plus grand. Versez la viande dedans, recouvrez de l'autre rond, soudez les bords, percez un trou au centre et faites une cheminée avec une feuille de papier d'aluminium.

Faites cuire la tourte 30 min au four à 200 °C (th. 7).

100

TOURTE À L'OIGNON CONFIT ET AUX FIGUES

DIFFICULTÉ : facile
COÛT : raisonnable

PRÉPARATION : 1 heure 30
CUISSON : 1 heure 30

POUR 6 PERSONNES

400 g de pâte feuilletée
1 kg d'épaule d'agneau
15 figues séchées moelleuses
2 oignons émincés
1 cuil. à soupe de miel
1 tasse de thé chaud
5 cl d'huile d'olive
1 cuil. à café de graines de cumin
Sel, poivre

Coupez l'épaule d'agneau en morceaux. Faites-les revenir à l'huile d'olive dans une cocotte. Une fois dorés, ajoutez les oignons, le miel et les graines de cumin. Salez, poivrez, et laissez caraméliser. Versez le thé, ajoutez les figues coupées en morceaux, couvrez, laissez cuire 1 h au moins sur feu moyen, jusqu'à ce que la viande devienne filandreuse. Préchauffez le four à 180-200 °C (th. 6-7).

Étalez la pâte de manière à former deux grands ronds dont l'un doit être un peu plus grand que l'autre. Chemisez un moule à manquer avec le rond le plus grand, mettez la viande dedans, recouvrez de l'autre rond de pâte, soudez les bords avec les doigts, percez un trou au centre et faites une cheminée avec une feuille de papier d'aluminium.

Faites cuire la tourte 30 min. Servez chaud.

102 TOURTE DE VOLAILLE EN BRICK

DIFFICULTÉ : difficile

COÛT : raisonnable

PRÉPARATION :

1 heure 15 minutes

CUISSON :

1 heure 15 minutes

POUR 6 PERSONNES

15 feuilles de brick

6 cuisses de poulet coupées en morceaux

2 oignons

1 citron confit

20 olives vertes hachées

2 cuil. à soupe de miel liquide

2 pincées de safran

5 cl d'huile d'olive

Sel, poivre

Saisissez les cuisses de poulet à l'huile d'olive dans une cocotte. Ajoutez les oignons et laissez-les fondre. Versez le miel, laissez caraméliser. Ajoutez le citron confit coupé en morceaux, un grand verre d'eau, le safran, couvrez, assaisonnez et laissez cuire 1 h sur feu moyen.

Retirez les cuisses de la cocotte, désossez-les. Faites réduire le jus de cuisson, remettez la viande dans la cocotte avec les olives. Préchauffez le four à 180-200 °C (th. 6-7).

À l'aide d'un pinceau, huilez les feuilles de brick. Chemisez un moule à manquer avec 3 feuilles. Étalez dessus un peu de préparation, recouvrez de 3 feuilles, puis d'un peu de préparation, ainsi de suite, en finissant par des feuilles de brick.

Faites cuire la tourte 10 à 15 min au four à 180-200 °C (th. 6-7). Démoulez-la délicatement en la retournant, et coupez-la au couteau-scie.

TOURTE VERTE AU SAUMON

DIFFICULTÉ : très facile

COÛT : raisonnable

PRÉPARATION : 45 minutes

CUISSON : 31 minutes

POUR 6 PERSONNES

400 g de pâte feuilletée
1 kg d'épinards frais
600 g de saumon frais
30 g de beurre
10 cl de crème liquide
1 œuf
1 cuil. à soupe d'huile d'olive
Sel, poivre

Nettoyez les épinards et faites-les cuire au beurre. Égouttez-les, puis hachez-les grossièrement. Battez la crème et l'œuf, mélangez-les aux épinards.

Taillez le saumon en cubes et faites-les saisir 1 min à la poêle dans l'huile d'olive. Mélangez le tout aux épinards. Préchauffez le four à 200 °C (th. 7).

Étalez la pâte de manière à former deux grands ronds dont l'un doit être un peu plus grand que l'autre. Chemisez un moule à manquer avec le rond de pâte le plus grand, versez-y la préparation, recouvrez de l'autre rond de pâte. Soudez les bords avec les doigts, percez un trou au centre et faites une cheminée avec une feuille de papier d'aluminium.

Faites cuire la tourte 30 min. Sortez-la du four et laissez-la reposer 10 min avant de la découper.

106

TOURTE AU CRABE ET AUX PETITS LÉGUMES

DIFFICULTÉ : difficile
COÛT : raisonnable

PRÉPARATION : 40 minutes
CUISSON : 10 minutes

Épluchez puis taillez tous les légumes en petits cubes. Plongez-les pendant 4 à 5 min dans de l'eau bouillante salée, rafraîchissez-les aussitôt après sous l'eau froide, laissez-les égoutter.

Taillez les feuilles de brick en ronds de la taille de petits moules à tartelette.

Égouttez le crabe, mélangez-le aux légumes, ajoutez la crème, la ciboulette, salez et poivrez. Préchauffez le four à 200 °C (th. 7).

Chemisez 6 moules à tartelette avec 2 feuilles de brick, étalez un peu de préparation dans chaque moule, puis ajoutez des feuilles de brick, ainsi de suite, en finissant par des feuilles de brick. Pressez légèrement le dessus et badigeonnez d'huile d'olive.

Faites cuire les tourtes 5 min au four à 200 °C (th. 7). Démoulez-les à l'envers sur la plaque du four, remettez-les à cuire 5 min pour qu'elles soient croustillantes sur toutes les faces. Servez aussitôt.

POUR 6 PERSONNES

12 feuilles de brick
300 g de crabe en miettes
2 carottes
1 grosse courgette
1 branche de céleri
2 cuil. à soupe de crème fraîche épaisse
1 botte de ciboulette hachée
Huile d'olive
Sel, poivre

Matériel

6 moules à tartelettes

TOURTE AUX CREVETTES ET AUX POIVRONS

108

DIFFICULTÉ : facile
COÛT : cher

PRÉPARATION : 45 minutes
CUISSON : 50 minutes

Nettoyez et émincez les poivrons. Mettez l'huile d'olive dans une cocotte et faites-y fondre l'oignon et l'ail. Ajoutez les poivrons, le sucre et le piment. Salez et laissez cuire 30 min sur feu moyen, en remuant régulièrement.

Coupez les crevettes en morceaux. Faites-les sauter 30 s à la poêle dans l'huile d'olive, puis mélangez-les aux poivrons cuits. Préchauffez le four à 180 °C (th. 6).

Étalez la pâte de manière à former deux grands ronds dont l'un doit être un peu plus grand que l'autre. Chemisez un moule à tarte avec le plus grand rond, étalez la préparation dedans, recouvrez de l'autre rond, soudez les bords, percez un trou au centre et faites une cheminée avec une feuille de papier d'aluminium.

Faites cuire la tourte 20 min au four à 180 °C (th. 6). Servez chaud.

POUR 6 PERSONNES

400 g de pâte brisée
400 g de grosses crevettes (gambas) décortiquées
5 poivrons rouges
2 oignons hachés
2 gousses d'ail hachées
1 cuil. à café de piment d'Espelette
½ cuil. à café de sucre
5 cl d'huile d'olive
Sel

110

TOURTE AUX POMMES DE TERRE ET AU CHÈVRE

DIFFICULTÉ : facile
COÛT : raisonnable

PRÉPARATION : 45 minutes
CUISSON : 25 minutes

POUR 6 PERSONNES

- 400 g de pâte feuilletée surgelée
- 700 g de pommes de terre
- 80 g de lardons
- 1 oignon
- 4 crottins de chèvre
- 40 g de beurre
- Huile d'arachide
- Sel, poivre

Épluchez les pommes de terre, puis taillez-les en rondelles. Faites-les dorer à la poêle dans l'huile, salez et poivrez.

Faites dorer les lardons dans une poêle. Ajoutez le beurre et l'oignon émincé, laissez fondre sur feu doux. Une fois fondu, ajoutez le tout aux pommes de terre, mélangez. Préchauffez le four à 200 °C (th. 7).

Étalez la pâte de manière à former deux grands ronds dont l'un doit être un peu plus grand que l'autre. Chemisez un moule à manquer avec le rond le plus grand, versez-y les pommes de terre à l'oignon et au lard, répartissez dessus les crottins coupés en morceaux, recouvrez de l'autre rond de pâte. Soudez les bords avec les doigts, percez un trou au centre et faites une cheminée avec une feuille de papier d'aluminium.

Faites cuire la tourte 20 min au four à 200 °C (th. 7).

+ Vous pouvez accompagner cette tourte d'une salade aux noix.

112 TOURTE FORESTIÈRE

DIFFICULTÉ : facile
COÛT : cher

PRÉPARATION : 45 minutes
CUISSON : 35 minutes

POUR 6 PERSONNES

500 g de pâte brisée
250 g de champignons de Paris
200 g de girolles
200 g de cèpes
100 g de pleurotes
3 échalotes
1 gousse d'ail
2 cuil. à soupe de persil haché
50 g de beurre
1 jaune d'œuf
4 cuil. à soupe d'huile de noix ou d'arachide
Sel, poivre

Nettoyez soigneusement tous les champignons et faites-les revenir à la poêle dans l'huile. Salez, poivrez, puis égouttez le tout.

Mettez le beurre dans une poêle et faites-y fondre les échalotes et l'ail hachés. Une fois le tout fondu, ajoutez les champignons et le persil. Préchauffez le four à 180 °C (th. 6).

Étalez la pâte de manière à former deux grands ronds dont l'un doit être un peu plus grand que l'autre. Chemisez un moule à manquer avec le rond le plus grand. Mettez le mélange aux champignons dedans, couvrez avec l'autre rond de pâte, soudez les bords avec un peu de jaune d'œuf, percez un trou au centre et faites une cheminée avec une feuille de papier d'aluminium.

Faites cuire la tourte 30 min au four à 180 °C (th. 6).

114 TOURTE À LA COURGETTE, À LA TOMATE ET AU PARMESAN

DIFFICULTÉ : facile
COÛT : bon marché

PRÉPARATION : 40 minutes
CUISSON : 35 minutes

POUR 6 PERSONNES

500 g de pâte brisée
500 g de courgettes
4 grosses tomates
100 g de parmesan râpé
10 feuilles de basilic hachées
5 cl d'huile d'olive
Sel, poivre

Taillez les courgettes en tranches assez fines, sans les éplucher. Faites-les cuire 10 min à la poêle dans l'huile d'olive, égouttez-les sur du papier absorbant. Plongez les tomates 10 sec dans de l'eau bouillante, retirez la peau, puis coupez-les en tranches.

Étalez la pâte de manière à former deux grands ronds dont l'un doit être un peu plus grand que l'autre. Chemisez un moule à manquer avec le rond le plus grand. Intercalez dedans, par couches successives, les courgettes, les tomates, le parmesan et les feuilles de basilic assaisonnées. Préchauffez le four à 180 °C (th. 6).

Arrosez le dessus d'huile d'olive. Couvrez avec l'autre rond de pâte, soudez les bords avec les doigts, badigeonnez le dessus d'huile d'olive. Percez un trou au centre et faites une cheminée avec une feuille de papier d'aluminium.

Faites cuire la tourte 20 à 25 min. Laissez tiédir avant de servir.

116 PIE AUX RESTES DE NOËL

DIFFICULTÉ : facile
COÛT : un peu cher

PRÉPARATION : 30 minutes
CUISSON : 1 heure 15
REPOS : 3 heures + 3 heures

POUR 10 PERSONNES

- 2 pâtes brisées
- 1 oignon
- 700 g de restes de dinde cuite
- 500 g de jambon blanc en tranches de 3 mm d'épaisseur
- 180 g de marrons cuits en bocaux
- 1 bouquet de persil
- 100 g de cranberries séchées
- 1 jaune d'œuf (pour la dorure)
- 3 feuilles de gélatine
- 60 cl de bouillon de volaille
- 20 g de beurre
- Sel, poivre

Matériel

- Moule à manqué
- Mixeur
- Rouleau à pâtisserie
- Film alimentaire, papier sulfurisé

Épluchez l'oignon et émincez-le. Dans une poêle, faites-le fondre dans le beurre, pendant 5 min, à feu doux.

Mixez le tiers de la dinde, le tiers du jambon, les oignons, les marrons et le persil. Assaisonnez le mélange à votre goût et ajoutez les cranberries. Mélangez bien.

Déposez les tranches de dinde entre 2 feuilles de film alimentaire et écrasez-les avec un rouleau à pâtisserie de façon à obtenir des tranches de 3 ou 4 mm.

Préchauffez le four à 180 °C (th. 6). Garnissez le moule d'une des deux pâtes en prenant soin de conserver le papier sulfurisé. Déposez au fond de la pie la moitié des tranches de jambon et de dinde. Assaisonnez. Répartissez la farce aux marrons, tassez et assaisonnez. Déposez les restes de dinde et de jambon, puis tassez et assaisonnez.

Badigeonnez les bords de la pâte de jaune d'œuf (à l'aide d'un pinceau) puis couvrez avec la deuxième pâte. Pincez les bords afin de bien les souder. Ajoutez quelques gouttes

d'eau dans le jaune d'œuf puis badigeonnez-en la tourte. Avec un couteau, réalisez un quadrillage en prenant garde de ne pas percer la pâte. Réalisez une cheminée avec un carré de papier sulfurisé et insérez-le dans un trou percé dans la pâte. Enfournez pour 1 h 15 de cuisson. Laissez refroidir complètement (comptez 2 ou 3 h).

Faites fondre la gélatine dans le bouillon de volaille chaud. Laissez tiédir et versez délicatement par le trou de la cheminée. Laissez prendre pendant 3 h.

118 PIE AU BŒUF À LA GUINNESS ET AUX PETITS POIS

DIFFICULTÉ : facile
COÛT : un peu cher

PRÉPARATION : 20 minutes
CUISSON : 1 heure

POUR 8 PERSONNES

1 pâte brisée
1,5 kg de bœuf à cuire
1 oignon
50 cl de Guinness
2 branches de thym
1 branche de laurier
150 g de petits pois surgelés
2 cuil. à soupe d'huile d'olive
Sel, poivre

Pour le moule
20 g de beurre
20 g de farine

Coupez le bœuf en morceaux. Épluchez et ciselez l'oignon.

Dans une cocotte en fonte, faites revenir l'oignon puis ajoutez la viande. Quand elle est bien dorée, versez la Guinness, puis ajoutez le thym et le laurier. Assaisonnez à votre goût. Faites cuire à feu doux pendant 30 min. Ajoutez les petits pois. Poursuivez la cuisson 10 min.

Dans un plat beurré et fariné, déposez la pâte et versez la préparation. Disposez l'excédent de pâte sur la viande et enfournez pour 20 min. Servez aussitôt.

120 PIE AU POULET ET AU BACON

DIFFICULTÉ : facile
COÛT : un peu cher

PRÉPARATION : 20 minutes
CUISSON : 25 minutes

Préchauffez le four à 180 °C (th. 6). Coupez le poulet en morceaux et le bacon en lardons. Épluchez et ciselez l'oignon et l'ail. Dans une poêle, faites revenir l'oignon et l'ail dans l'huile d'olive, à feu vif. Ajoutez les blancs de poulet et les lardons. Faites dorer pendant 5 min puis déglacez au vin blanc. Quand le liquide s'est évaporé, ajoutez la crème et assaisonnez puis remuez quelques minutes.

Versez cette préparation dans un plat à gratin et recouvrez de pâte brisée. Soudez les bords en pressant avec vos doigts. Réalisez une cheminée avec un carré de papier sulfurisé et insérez-le dans un trou percé dans la pâte. Enduisez la pâte d'œuf battu (à l'aide d'un pinceau) et enfournez pour 25 min de cuisson. Servez tiède ou froid.

POUR 8 PERSONNES

1 pâte brisée
4 blancs de poulet
150 g de bacon en tranches
1 oignon
1 gousse d'ail
12 cl de vin blanc
25 cl de crème liquide
1 œuf battu (pour la dorure)
1 cuil. à soupe d'huile d'olive
Sel, poivre

Matériel
Papier sulfurisé

PIE AU BŒUF ET AUX CHAMPIGNONS

DIFFICULTÉ : facile
COÛT : un peu cher

PRÉPARATION : 20 minutes
CUISSON : 25 minutes

Préchauffez le four à 180 °C (th. 6). Coupez la viande en morceaux. Nettoyez les champignons et coupez-les en tranches. Épluchez et ciselez l'ail. Dans une poêle, faites revenir les champignons et l'ail dans l'huile d'olive à feu vif. Ajoutez la viande et faites dorer pendant 5 min. Versez les tomates, assaisonnez et remuez quelques minutes.

Versez cette préparation dans un plat à gratin et recouvrez de pâte feuilletée. Soudez les bords en pressant avec vos doigts. Réalisez une cheminée avec un carré de papier sulfurisé et insérez-le dans un trou percé dans la pâte. Enduisez la pâte d'œuf battu (à l'aide d'un pinceau) et enfournez pour 25 min de cuisson. Servez tiède ou froid.

POUR 8 PERSONNES

1 pâte feuilletée
300 g de rumsteck
200 g de champignons de Paris
1 gousse d'ail
400 g de tomates concassées
1 œuf battu (pour la dorure)
1 cuil. à soupe d'huile d'olive
Sel, poivre

Matériel
Papier sulfurisé

PIES AU CHORIZO

DIFFICULTÉ : facile
COÛT : un peu cher

PRÉPARATION : 20 minutes
CUISSON : 35 minutes
REPOS : 1 heure

POUR 6 PERSONNES

2 pâtes brisées
1 oignon rouge
1 fenouil
½ poivron rouge
1 cuil. à café de pimentón
200 g de chorizo fort
300 g de chair à saucisses
1 jaune d'œuf (pour la dorure)
2 cuil. à soupe d'huile d'olive

Matériel
Plaque à muffins

Épluchez l'oignon et le fenouil. Émincez-les avec le poivron. Dans une poêle, sur feu vif, faites revenir le tout à l'huile d'olive, pendant 5 min, en remuant bien avec une cuillère en bois. Baissez le feu, ajoutez le pimentón et poursuivez la cuisson pendant 1 à 2 min. Ajoutez le chorizo taillé en fines tranches et la chair à saucisses puis mélangez bien. Laissez refroidir complètement la préparation en la réservant 1 h au réfrigérateur.

Préchauffez le four à 180 °C (th. 6). Partagez la farce en 6 et formez des boules. Déroulez les pâtes. Huilez et farinez 6 encoches à muffins. Découpez 6 grands cercles et disposez-les dans les empreintes. Déposez 1 boule de farce dans chaque empreinte. Découpez des ronds de pâte, plus petits que les précédents, afin de recouvrir chaque tourte. Soudez avec un peu de jaune d'œuf battu puis enduisez-en la pâte (à l'aide d'un pinceau). Faites un petit trou dans chaque tourte avec la pointe d'un couteau. Enfournez pour 35 min. Dégustez chaud ou froid.

P I E S

124 PIE TARTIFLETTE

DIFFICULTÉ : facile
COÛT : moyen

PRÉPARATION : 50 minutes
CUISSON : 25 minutes

Faites cuire les pommes de terre avec leur peau pendant 25 min. Épluchez-les et coupez-les en rondelles. Épluchez et coupez finement l'oignon ; faites-les revenir avec les lardons pendant 5 min dans une poêle antiadhésive.

Beurrez et farinez le moule et garnissez-le de pâte. Piquez le fond avec une fourchette et répartissez une couche de pommes de terre puis les lardons et l'oignon et enfin le reblochon coupé en tranches. Recouvrez du restant de pommes de terre et de la deuxième pâte. Soudez bien les bords. Enduisez la pâte, à l'aide d'un pinceau, d'œuf battu. Enfournez pour 25 min de cuisson.

POUR 8 PERSONNES

2 pâtes brisées
600 g de pommes de terre fermes
1 oignon
100 g de lardons fumés
½ reblochon
1 œuf battu (pour la dorure)

Pour le moule
20 g de beurre
20 g de farine

Matériel
Moule à tarte

KIDNEY PIE

DIFFICULTÉ : facile

COÛT : un peu cher

PRÉPARATION : 40 minutes

CUISSON : 25 minutes

Préchauffez le four à 180 °C (th. 6). Coupez les rognons et le bœuf en morceaux. Nettoyez les champignons et coupez-les en lamelles. Épluchez et ciselez l'échalote. Dans une poêle, faites revenir les champignons et l'échalote dans l'huile d'olive à feu vif. Ajoutez la viande et faites dorer pendant 5 min. Versez la sauce puis assaisonnez et remuez quelques minutes.

Versez cette préparation dans un plat à gratin et recouvrez de pâte feuilletée. Soudez les bords en pressant avec vos doigts et formez une petite cheminée. Enduisez la pâte d'œuf battu (à l'aide d'un pinceau) et enfournez pour 25 min de cuisson. Servez tiède ou froid.

POUR 8 PERSONNES

1 pâte feuilletée
300 g de rognons de veau
300 g de paleron de bœuf
200 g de champignons de Paris
1 échalote
3 cuil. à soupe
de sauce Worcestershire
2 tranches de bacon
1 œuf battu (pour la dorure)
1 cuil. à soupe d'huile d'olive
Sel, poivre

Matériel

Papier sulfurisé

PIE À L'AGNEAU ET AUX AUBERGINES

DIFFICULTÉ : facile
COÛT : un peu cher

PRÉPARATION : 1 heure
CUISSON : 35 minutes

POUR 8 PERSONNES

2 pâtes brisées
400 g d'épaule d'agneau
2 aubergines
2 cuil. à soupe de miel
1 gousse d'ail
1 cuil. à café de curry
1 œuf battu (pour la dorure)
4 cuil. à soupe d'huile d'olive
Sel, poivre

Pour le moule
20 g de beurre
20 g de farine

Matériel
Moule à tarte
Papier sulfurisé

Préchauffez le four à 180 °C (th. 6). Beurrez et farinez un moule et garnissez-le de pâte brisée, piquez le fond avec une fourchette. Coupez les aubergines en cubes et placez-les dans un saladier. Versez 2 cuil. à soupe d'huile d'olive, le miel, l'ail pressé et le curry puis remuez bien. Déposez ces aubergines sur la plaque du four et enfournez 15 min.

Pendant ce temps, coupez l'épaule en cubes. Dans une poêle, faites-les dorer dans ce qu'il reste d'huile d'olive à feu vif. Puis, disposez la viande sur la plaque des aubergines et enfournez à nouveau pour 15 min de cuisson.

Versez la préparation dans le moule et recouvrez avec la deuxième pâte en prenant soin de bien souder les bords. Enduisez la pâte d'œuf battu (à l'aide d'un pinceau). Réalisez une cheminée avec un carré de papier sulfurisé et insérez-le dans un trou percé dans la pâte. Enfournez pour 35 min de cuisson.

128

PIE AU FROMAGE ET AU CUMIN

DIFFICULTÉ : facile
COÛT : bon marché

PRÉPARATION : 30 minutes
CUISSON : 30 minutes

Préchauffez le four à 180 °C (th. 6°). Épluchez et émincez les oignons. Faites-les revenir à feu vif dans une poêle avec l'huile d'olive puis baissez le feu et laissez confire pendant 10 min. Laissez refroidir.

Dans un saladier, battez les œufs avec la crème et le fromage râpé. Ajoutez les oignons et le cumin, assaisonnez et mélangez bien. Étalez une première pâte dans le plat. Versez la préparation et recouvrez avec la deuxième pâte. Enduisez la pâte de jaune d'œuf (à l'aide d'un pinceau) et enfournez pour 30 min de cuisson.

POUR 6 PERSONNES

2 pâtes brisées
4 oignons
2 œufs + 1 jaune d'œuf (pour la dorure)
20 cl de crème entière liquide
600 g de cheddar ou d'édam râpé
1 cuil. à café de cumin
2 cuil. à soupe d'huile d'olive

Matériel
Grand plat à gratin rectangulaire

130

PIE AU CHÈVRE ET À LA COURGETTE

DIFFICULTÉ : facile

COÛT : raisonnable

PRÉPARATION : 20 minutes

CUISSON : 35 minutes

Préchauffez le four à 180 °C (th. 6). Beurrez et farinez le moule. Garnissez-le de pâte et piquez le fond avec une fourchette. Lavez et coupez 2 courgettes en rondelles et détaillez la troisième en rubans avec un économe (ou un épluche-légume). Coupez le chèvre en morceaux. Battez les œufs et la crème, ajoutez la menthe et les courgettes en rondelles. Versez ce mélange sur le fond de tarte et répartissez le fromage. Enfournez pour 25 min.

Formez un quadrillage avec les rubans de courgette et déposez-les sur la tarte. Enduisez la pâte d'œuf battu (à l'aide d'un pinceau) et poursuivez la cuisson 10 min au four.

POUR 6 PERSONNES

1 pâte feuilletée
3 courgettes
300 g de fromage de chèvre frais
2 œufs
25 cl de crème liquide
4 cuil. à soupe de menthe ciselée
1 œuf battu (pour la dorure)

Pour le moule
20 g de beurre
20 g de farine

Matériel
Moule à tarte

132 PIE BOURGUIGNONNE

DIFFICULTÉ : facile
COÛT : cher

PRÉPARATION : 20 minutes
CUISSON : 1 heure 15

Coupez la viande en morceaux de 2 cm de côté. Épluchez et émincez les oignons. Épluchez la carotte et coupez-la en rondelles. Dans une cocotte en fonte, faites revenir la viande dans l'huile chaude. Réservez-la puis faites dorer les oignons et la carotte. Replacez les morceaux de viande dans la cocotte, ajoutez le vin, le thym, le laurier et le concentré de tomate. Assaisonnez et versez un verre d'eau puis laissez cuire pendant 45 min à feu moyen.

Préchauffez le four à 180 °C (th. 6). Placez la pâte brisée dans un moule huilé et fariné. Versez la préparation puis recouvrez avec la pâte feuilletée. Soudez avec vos doigts et enduisez le dessus de la tourte d'œuf battu (à l'aide d'un pinceau). Réalisez une cheminée avec un carré de papier sulfurisé et insérez-le dans un trou percé dans la pâte. Enfournez pour 30 min de cuisson.

POUR 6 PERSONNES

1 pâte brisée
1 pâte feuilletée
1,5 kg de viande bœuf
à braiser (type paleron)
2 oignons
1 carotte
25 cl de bon vin rouge
1 branche de thym
1 feuille de laurier
1 cuil. à café de concentré
de tomate
1 œuf battu (pour la dorure)
20 g de farine (pour le moule)
1 cuil. à soupe d'huile d'olive
+ 1 peu pour le moule
Sel, poivre

Matériel
Papier sulfurisé

134 THANKSGIVING PIE

DIFFICULTÉ : facile
COÛT : bon marché

PRÉPARATION : 35 minutes
CUISSON : 35 minutes

POUR 8 PERSONNES

1 pâte brisée
500 g de courge Butternut
3 œufs
220 g de sucre brun
350 ml de lait concentré
1 cuil. à café de gingembre en poudre
1 cuil. à café de cannelle
1 clou de girofle
100 g de crème fraîche (pour servir)
1 pincée de sel

Pour le moule
20 g de beurre
20 g de farine

Matériel
Moule à tarte

Préchauffez le four à 180 °C (th. 6). Coupez la courge en morceaux et déposez-les sur une plaque puis enfournez 20 min.

Avec une cuillère, prélevez la chair cuite de la courge et mixez-la avec les œufs, le sucre, le lait concentré et les épices. Salez le mélange.

Beurrez et farinez le moule et garnissez-le de pâte. Piquez le fond à la fourchette et versez la préparation. Enfournez pendant 35 min et servez tiède avec 1 cuil. à soupe de crème fraîche.

136

PIE AU POTIMARRON

DIFFICULTÉ : facile
COÛT : raisonnable

PRÉPARATION : 15 minutes
CUISSON : 30 minutes

POUR 6 PERSONNES

2 pâtes feuilletées
1 kg de potimarron
1 oignon
40 cl de lait
100 g de comté
1 pincée de muscade
1 jaune d'œuf (pour la dorure)

Matériel
6 bols
Mixeur

Épluchez et coupez le potimarron et l'oignon en gros cubes. Dans une marmite ou une cocotte, versez le lait puis le potimarron et l'oignon. Faites cuire pendant 15 min et mixez finement. Versez cette soupe épaisse dans les bols. Saupoudrez de comté.

Préchauffez le four à 180 °C (th. 6). Avec un pinceau, badigeonnez les bords des bols avec le jaune d'œufs. Coupez 6 cercles de pâte correspondant au diamètre des bols, déposez les moules dessus puis soudez bien les bords en les pressant contre les parois avec vos doigts. Enduisez la pâte de jaune d'œuf (à l'aide d'un pinceau). Enfournez pour 15 min. Dégustez aussitôt.

PIE À LA SAUCISSE ET AUX POIREAUX

DIFFICULTÉ : facile
COÛT : raisonnable

PRÉPARATION : 30 minutes
CUISSON : 15 minutes

POUR 6 PERSONNES

1 pâte brisée
500 g de saucisses fraîches
4 poireaux
10 cl de vin blanc
100 g de parmesan
40 g de beurre

Matériel
6 petits récipients en métal

Préchauffez le four à 180 °C (th. 6). Dégagez la chair des saucisses en incisant la peau et en les vidant. Nettoyez les poireaux et coupez-les en petites tranches de 5 mm. Faites fondre le beurre dans une grande poêle et faites revenir les poireaux pendant 5 min. Ajoutez la chair des saucisses et faites cuire en remuant régulièrement avec une cuillère en bois. Quand le mélange commence à accrocher au fond de la poêle, déglacez avec le vin blanc et poursuivez la cuisson jusqu'à évaporation du liquide.

Éteignez le feu et ajoutez le parmesan. Mélangez bien et répartissez la préparation dans les moules. Découpez des ronds dans la pâte brisée et recouvrez les tourtes. Enfournez pour 15 min. Servez aussitôt.

140 PIE ARDENNAISE

DIFFICULTÉ : facile
COÛT : raisonnable

PRÉPARATION : 20 minutes
CUISSON : 30 minutes
REPOS : 1 heure

POUR 8 PERSONNES

2 pâtes brisées
500 g d'échine de porc
4 échalotes
1 bouquet de persil
2 cuil. à soupe d'eau-de-vie
de mirabelle
1 œuf battu (pour la dorure)
1 cuil. à café de sel
Quelques tours de moulin à poivre

Matériel
Papier sulfurisé

Coupez la viande en tranches de 1 cm puis en dés de 1 cm de côté. Épluchez les échalotes et coupez-les finement. Ciselez le bouquet de persil.

Dans une jatte, mélangez la viande, les échalotes, le persil et l'eau-de-vie. Assaisonnez. Laissez reposer 1 h au frais.

Coupez, dans la pâte, autant de cercles de 10 cm de diamètre que de cercles de 3 cm. Déposez 1 cuil. à soupe de préparation au centre des gros ronds, ramenez la pâte au sommet et fermez en collant un petit rond dessus. Enduisez chaque petite tourte d'œuf battu (à l'aide d'un pinceau). Disposez-les sur une plaque recouverte de papier sulfurisée. Enfournez pour 30 min de cuisson. Servez chaud, tiède ou même froid.

142 PIE AUX ÉPINARDS ET FETA

DIFFICULTÉ : facile
COÛT : bon marché

PRÉPARATION : 20 minutes
CUISSON : 30 minutes

Nettoyez et ôtez la tige des épinards. Faites-les fondre dans 20 g de beurre. Dans une jatte, mélangez la feta, les épinards, les feuilles de menthe et le zeste du citron. Assaisonnez. Beurrez et farinez le moule et versez la préparation aux épinards.

Avec une roulette ou un petit couteau, coupez des bandes dans la pâte restante et disposez-les sur la tourte en réalisant un quadrillage. Enduisez la pâte d'œuf battu (à l'aide d'un pinceau) et enfournez pour 30 min de cuisson. Dégustez aussitôt.

POUR 8 PERSONNES

2 pâtes brisées
500 g d'épinards
250 g de feta
2 branches de feuilles de menthe
1 citron bio (le zeste)
1 œuf battu (pour la dorure)
20 g de farine (pour le moule)
40 g de beurre
Sel, poivre

Matériel
Moule à tarte

PIE À LA TOMATE ET MOUTARDE

DIFFICULTÉ : facile
COÛT : bon marché

PRÉPARATION : 20 minutes
CUISSON : 35 minutes

Préchauffez le four à 180 °C (th. 6). Beurrez et farinez le moule et garnissez-le d'une première pâte. Percez des trous dans la seconde. Piquez le fond de la première à la fourchette et répartissez la moutarde.

Coupez les tomates en rondelles et disposez-les sur la moutarde. Parsemez le gruyère et recouvrez avec la deuxième pâte. Soudez bien les bords en pressant avec vos doigts. Enduisez la pâte d'œuf battu (à l'aide d'un pinceau). Enfournez pour 35 min. Servez chaud ou tiède.

POUR 6 PERSONNES

2 pâtes brisées
100 g de moutarde
4 tomates
300 g de gruyère
1 œuf battu

Pour le moule
20 g de beurre
20 g de farine

Matériel
Moule à tarte

146

PIE AU POISSON

DIFFICULTÉ : facile
COÛT : cher

PRÉPARATION : 15 minutes
CUISSON : 1 heure 10

POUR 8 PERSONNES

300 g de pavé de saumon
300 g de haddock sans la peau
1 kg de pommes de terre
1 carotte
2 branches de céleri
½ bouquet de persil plat
1 citron
4 cuil. à soupe d'huile d'olive

Préchauffez le four à 180 °C (th. 6). Faites cuire les pommes de terre avec leur peau dans un grand volume d'eau bouillante pendant au moins 30 min. Piquez avec la pointe d'un couteau : si la chair des pommes de terre est tendre, elles sont cuites !

Pendant ce temps, coupez les poissons en gros cubes. Épluchez la carotte et râpez-la. Émincez le céleri et le persil. Prélevez le zeste du citron et pressez-le pour récupérer le jus.

Épluchez les pommes de terre et écrasez-les en une purée grossière. Mélangez tous les ingrédients et versez dans un plat à gratin. Enfournez pour 40 min de cuisson. Servez aussitôt.

PIE VÉGÉTARIENNE

DIFFICULTÉ : facile
COÛT : bon marché

PRÉPARATION : 20 minutes
CUISSON : 1 heure 10

POUR 8 PERSONNES

2 pâtes brisées
2 poivrons rouges
2 poivrons jaunes
2 courgettes
2 oignons
1 gousse d'ail
2 cuil. à soupe d'huile d'olive
1 œuf battu (pour la dorure)

Pour le moule
20 g de beurre
20 g de farine

Matériel
Moule à tarte
Papier sulfurisé

Préchauffez le four à 180 °C (th. 6). Beurrez et farinez le moule et garnissez-le de pâte brisée. Piquez le fond de la tarte avec une fourchette, recouvrez de papier sulfurisé et de haricots et enfournez 15 min pour faire cuire la pâte à blanc.

Lavez les légumes et coupez-les en fines tranches. Faites chauffer l'huile et faites revenir les légumes à feu moyen pendant 20 min. Versez cette préparation dans le moule. Recouvrez de la deuxième pâte et soudez les bords en pressant avec vos doigts. Enduisez la pâte d'œuf battu (à l'aide d'un pinceau) et enfournez pour 35 min de cuisson. Dégustez tiède ou froid.

148 PIE AU CHOU

DIFFICULTÉ : facile
COÛT : bon marché

PRÉPARATION : 25 minutes
CUISSON : 35 minutes

POUR 8 PERSONNES

2 pâtes brisées
1 chou vert
25 cl de crème fraîche
25 cl de crème liquide
40 g de parmesan râpé
1 gousse d'ail
1 œuf battu (pour la dorure)

Pour le moule
20 g de beurre
20 g de farine

Matériel
Moule à tarte
Papier sulfurisé

Préchauffez le four à 180 °C (th. 6). Beurrez et farinez le moule et garnissez-le de pâte brisée. Piquez le fond de la tarte avec une fourchette, recouvrez de papier sulfurisé et de haricots et enfournez 15 min pour faire cuire la pâte à blanc.

Découpez le chou et faites-le blanchir pendant 5 min dans un grand volume d'eau salée. Égouttez-le en prenant soin de le presser afin d'enlever toute l'eau contenu dans les feuilles.

Dans une jatte, mélangez le chou, les crèmes, le fromage et l'ail pressé. Versez ce mélange sur la pâte. Recouvrez de la deuxième pâte et soudez les bords en pressant avec vos doigts. Enduisez la pâte d'œuf battu (à l'aide d'un pinceau) et enfournez pour 35 min de cuisson. Dégustez tiède ou froid.

MARSHMALLOWS PIE

DIFFICULTÉ : facile
COÛT : raisonnable

PRÉPARATION : 20 minutes
CUISSON : 15 minutes
REPOS : 1 heure

POUR 8 PERSONNES

1 pâte sablée
25 cl de crème entière
30 marshmallows
50 cl de sorbet à la framboise

Pour la chantilly
25 cl de crème entière froide
50 g de sucre glace

Pour le moule
20 g de beurre
20 g de farine

Matériel
Moule à tarte
Batteur
Papier sulfurisé

Préchauffez le four à 180 °C (th. 6). Beurrez et farinez le moule et garnissez-le de pâte sablée. Piquez le fond de la tarte avec une fourchette, recouvrez de papier sulfurisé et de haricots et enfournez 15 min pour faire cuire la pâte à blanc.

Versez la crème dans une casserole et faites chauffer, incorporez les marshmallows et faites-les fondre. Laissez tiédir. Sortez le sorbet à la framboise et laissez ramollir un peu. Incorporez la crème aux marshmallows.

Montez la crème en chantilly en ajoutant le sucre glace au fur et à mesure. Nappez la tarte de crème glacée et replacez au congélateur. Sortez-la 15 min avant de déguster et décorez de crème Chantilly au dernier moment.

PIE AUX FIGUES ET AUX PISTACHES

DIFFICULTÉ : facile
COÛT : un peu cher

PRÉPARATION : 10 minutes
CUISSON : 25 minutes

Préchauffez le four à 180 °C (th. 6). Beurrez et farinez le moule et garnissez-le de pâte sablée. Piquez le fond avec les pointes d'une fourchette.

Lavez les figues et coupez-les en fines tranches. Répartissez-les sur la pâte. Arrosez de miel et de pistaches. Repliez les bords de la pâte sur la préparation. Dorez-la à l'œuf battu avec un pinceau. Enfournez pour 25 min. Servez la tarte tiède.

POUR 6 PERSONNES

1 pâte sablée
500 g de figues fraîches
150 g de miel liquide
100 g de pistaches mondées
1 œuf battu

Pour le moule
20 g de beurre
20 g de farine

Matériel
1 moule à tarte de 20 cm de diamètre

152

PIE À LA PÊCHE

DIFFICULTÉ : facile
COÛT : bon marché

PRÉPARATION : 10 minutes
CUISSON : 50 minutes

Préchauffez le four à 180 °C (th. 6). Beurrez et farinez le moule et garnissez-le de pâte sablée. Piquez le fond de la tarte avec une fourchette, recouvrez de papier sulfurisé et de haricots et enfournez 15 min pour faire cuire la pâte à blanc.

Épluchez et coupez les pêches. Saupoudrez le fond de la tarte de poudre d'amandes puis répartissez les pêches, le sucre, le jus de citron, la noix de muscade. Recouvrez de la deuxième pâte et soudez les bords en pressant avec vos doigts. Enduisez la pâte d'œuf battu (à l'aide d'un pinceau) et enfournez pour 35 min. Dégustez tiède ou froid.

POUR 8 PERSONNES

2 pâtes sablées
6 pêches
50 g de poudre d'amandes
50 g de sucre en poudre
1 citron (le jus)
1 pincée de noix de muscade
1 œuf battu (pour la dorure)

Pour le moule
20 g de beurre
20 g de farine

Matériel
Moule à tarte
Papier sulfurisé

CUSTARD PIE

DIFFICULTÉ : facile
COÛT : bon marché

PRÉPARATION : 10 minutes
CUISSON : 45 minutes

Préchauffez le four à 180 °C (th. 6). Beurrez et farinez le moule et garnissez-le de pâte sablée. Piquez le fond de la tarte avec une fourchette, recouvrez de papier sulfurisé et de haricots et enfournez 15 min pour faire cuire la pâte à blanc.

À l'aide d'un fouet, mélangez les œufs, le sucre, la muscade et la crème. Versez ce mélange sur la pâte. Enfournez pour 30 min de cuisson. Dégustez tiède ou froid.

POUR 8 PERSONNES

1 pâte sablée
10 jaunes d'œufs
100 g de sucre
1 pincée de noix de muscade
50 cl de crème liquide entière

Pour le moule
20 g de beurre
20 g de farine

Matériel
Moule à tarte
Fouet
Papier sulfurisé

154 PIE AUX NOIX DE PÉCAN

DIFFICULTÉ : facile
COÛT : bon marché

PRÉPARATION : 10 minutes
CUISSON : 45 minutes

POUR 8 PERSONNES

1 pâte sablée
200 g de noix de pécan
3 œufs
125 g de sucre en poudre
30 g de cassonade
125 g de sirop d'érable
50 g de beurre fondu

Pour le moule
20 g de beurre
20 g de farine

Matériel
Moule à tarte
Papier sulfurisé

Préchauffez le four à 180 °C (th. 6). Beurrez et farinez le moule et garnissez-le de pâte sablée. Piquez le fond de la tarte avec une fourchette, recouvrez de papier sulfurisé et de haricots et enfournez 15 min pour faire cuire la pâte à blanc.

Dans une jatte, mélangez tous les ingrédients jusqu'à l'obtention d'une préparation homogène. Versez sur la pâte sablée cuite et enfournez pour 30 min. Dégustez tiède ou froid.

PIE MENTHE-CHOCOLAT

DIFFICULTÉ : facile

COÛT : bon marché

PRÉPARATION : 10 minutes

CUISSON : 10 minutes

REPOS : 1 heure

POUR 8 PERSONNES

25 biscuits Oreo
70 g de beurre
20 cl de crème liquide entière
24 marshmallows
200 g de mascarpone
2 cuil. à soupe de sirop de menthe

Matériel
Moule à tarte
Fouet

Préchauffez le four à 180 °C (th. 6). Mixez les biscuits et ajoutez le beurre fondu. Mélangez et garnissez le fond du moule avec ces miettes. Enfournez pour 10 min et laissez refroidir.

Faites chauffer la crème dans une petite casserole et faites fondre les marshmallows dedans en remuant bien. Laissez refroidir.

Fouettez le mascarpone pour bien le détendre et ajoutez le sirop de menthe puis la crème aux marshmallows.

Versez sur la croûte et réservez au frais pendant 1 h au moins.

156 PIES CERISE ET POMME

DIFFICULTÉ : facile
COÛT : bon marché

PRÉPARATION : 20 minutes
CUISSON : 20 minutes

Préchauffez le four à 180 °C (th. 6). Pelez et coupez les pommes en petits morceaux. Beurrez et farinez les moules. Coupez, dans la pâte, des ronds de la taille des moules et garnissez-les de ces morceaux de pâte.

Déposez les petits cubes de pommes, quelques cerises, un peu de sucre et quelques morceaux de beurre sur chaque tartelette. Réalisez des bandes dans la pâte restante et répartissez-les en quadrillage sur chaque tartelette. Enfournez pour 20 min. Servez tiède ou froid.

POUR 8 PERSONNES

2 pâtes sablées
4 pommes
200 g de cerises
60 g de sucre
60 g de beurre
+ 20 g pour les moules
20 g de farine (pour le moule)

Matériel
8 moules à tartelettes

158 PIE À LA NOIX DE COCO

DIFFICULTÉ : facile
COÛT : un peu cher

PRÉPARATION : 10 minutes
CUISSON :
1 heure 25 minutes

POUR 6 PERSONNES

1 pâte sablée
5 œufs
125 g de beurre mou
220 g de sucre
125 ml de lait
250 g de noix de coco râpée
400 ml de lait de coco

Pour le moule
20 g de beurre
20 g de farine

Matériel
Moule à tarte
Papier sulfurisé

Préchauffez le four à 180 °C (th. 6). Beurrez et farinez le moule et garnissez-le de pâte sablée. Piquez le fond de la tarte avec une fourchette, recouvrez de papier sulfurisé et de haricots et enfournez 15 min pour faire cuire la pâte à blanc.

Dans une jatte, mélangez tous les ingrédients jusqu'à l'obtention d'une préparation homogène. Versez sur la pâte sablée cuite et enfournez pour 1 h de cuisson. Dégustez tiède ou froid.

PIE AU BEURRE DE CACAHUÈTE

DIFFICULTÉ : facile
COÛT : bon marché

PRÉPARATION : 15 minutes
CUISSON : 10 minutes
REPOS : 1 heure

POUR 8 PERSONNES

25 biscuits Oreo
70 g de beurre
250 g de beurre de cacahuète
200 g de St Môret
250 g de sucre
250 g de mascarpone

Matériel
Moule à tarte

Préchauffez le four à 180 °C (th. 6). Mixez les biscuits et ajoutez le beurre fondu. Mélangez et garnissez le fond du moule de ces miettes. Enfournez pour 10 min et laissez refroidir.

Dans une jatte, mélangez le beurre de cacahuète et le St Môret jusqu'à l'obtention d'une consistance crémeuse. Ajoutez le sucre en poudre et le mascarpone puis mélangez bien.

Versez ce mélange sur la pâte et réservez au frais 1 h avant de servir.

KEY LIME PIE

DIFFICULTÉ : facile
COÛT : bon marché

PRÉPARATION : 10 minutes
CUISSON : 30 minutes
REPOS : 1 heure

POUR 8 PERSONNES

250 g de shortbreads
120 g de beurre

Pour la crème au citron
4 citrons verts (les zestes)
125 ml de jus de citron vert (environ 5 citrons)
4 jaunes d'œufs
40 cl de lait concentré sucré

Pour la chantilly
25 cl de crème liquide froide
100 g de sucre glace

Matériel
6 moules à tartelettes
Batteur

Préchauffez le four à 180 °C (th. 6). Mixez les shortbreads et incorporez-les au beurre. Répartissez-les dans les moules et tassez bien pour former une belle croûte. Enfournez pour 15 min. Laissez refroidir.

Préparez la crème au citron : mélangez les zestes, le jus, les jaunes d'œufs et le lait concentré. Versez cette préparation dans chaque moule et enfournez pour 15 min. Laissez refroidir.

Montez la crème en chantilly en incorporant le sucre glace au fur et à mesure. Déposez un peu de crème sur chaque pie. Servez aussitôt.

162 CHOCOLATE CHIP COOKIE PIE

DIFFICULTÉ : facile
COÛT : bon marché

PRÉPARATION : 25 minutes
CUISSON : 1 heure

Préchauffez le four à 180 °C (th. 6). Beurrez et farinez le moule et garnissez-le de pâte sablée. Piquez le fond de la tarte avec une fourchette, recouvrez de papier sulfurisé et de haricots et enfournez 15 min pour faire cuire la pâte à blanc.

Concassez grossièrement les noisettes au couteau. Dans une jatte, mélangez tous les ingrédients jusqu'à l'obtention d'une préparation homogène. Versez sur la pâte sablée cuite et enfournez pour 1 h de cuisson. Dégustez tiède ou froid.

POUR 8 PERSONNES

1 pâte sablée
100 g de noisettes
60 g de farine
120 g de sucre en poudre
120 g de cassonade
200 g de beurre mou
2 œufs
125 g de pépites de chocolat

Pour le moule
20 g de beurre
20 g de farine

Matériel
Moule à tarte
Papier sulfurisé

CRANBERRY APPLE PIE

DIFFICULTÉ : facile
COÛT : bon marché

PRÉPARATION : 25 minutes
CUISSON : 35 minutes

Préchauffez le four à 180 °C (th. 6). Beurrez et farinez le moule et garnissez-le de pâte sablée. Piquez le fond de la tarte avec une fourchette, recouvrez de papier sulfurisé et de haricots et enfournez 15 min pour faire cuire la pâte à blanc.

Épluchez et coupez les pommes en cubes. Saupoudrez le fond de la tarte de poudre d'amandes puis répartissez les cranberries, les morceaux de pommes, le sucre et le zeste de l'orange. Recouvrez de la deuxième pâte et soudez les bords en pressant avec vos doigts. Enduisez la pâte d'œuf battu (à l'aide d'un pinceau) et enfournez pour 35 min de cuisson.

Dégustez tiède ou froid.

POUR 8 PERSONNES

2 pâtes sablées
4 pommes
50 g de poudre d'amandes
150 g de cranberries fraîches
50 g de sucre en poudre
1 orange (le zeste)
20 g de beurre
20 g de farine
1 œuf battu (pour la dorure)

Pour le moule
20 g de beurre
20 g de farine

Matériel
Moule à tarte
Papier sulfurisé

164

PIE AU CHOCOLAT

DIFFICULTÉ : facile
COÛT : raisonnable

PRÉPARATION : 20 minutes
CUISSON : 35 minutes

Préchauffez le four à 180 °C (th. 6). Cassez le chocolat en morceaux. Faites chauffer la crème liquide puis versez les morceaux de chocolat et remuez bien afin de les faire fondre. Fouettez les œufs avec le sucre et incorporez-les au mélange chocolaté. Beurrez et farinez le moule. Garnissez-le d'une pâte et piquez le fond à la fourchette. Versez la préparation et enfournez pour 20 min.

Coupez des bandes dans la seconde pâte et tressez-les. Déposez les tresses sur la bordure de la tarte. Enduisez-les, à l'aide d'un pinceau, d'œuf battu. Poursuivez la cuisson 15 min. Servez tiède ou froid.

POUR 8 PERSONNES

2 pâtes sablées
300 g de chocolat
25 cl de crème liquide
3 œufs
75 g de sucre
1 œuf battu (pour la dorure)

Pour le moule
20 g de beurre
20 g de farine

Matériel
Moule à tarte

166 PIE D'AUTOMNE

DIFFICULTÉ : très facile
COÛT : bon marché

PRÉPARATION : 15 minutes
CUISSON : 25 minutes

Préchauffez le four à 180 °C (th. 6). Dans une jatte, battez les œufs avec la crème et le sucre. Versez cette préparation dans un plat à four.

Épluchez les poires, ôtez les trognons et coupez les fruits en fines tranches. Déposez-les sur la préparation aux œufs et parsemez de noix et de pépites de chocolat. Recouvrez de pâte sablée. Enfournez pour 25 min de cuisson. Dégustez tiède.

POUR 6 PERSONNES

1 pâte sablée
2 œufs
20 cl de crème
50 g de cassonade
4 poires (comices ou williams)
50 g de noix
100 g de pépites de chocolat

168 BANOFFY PIE

DIFFICULTÉ : facile
COÛT : bon marché

PRÉPARATION : 20 minutes
CUISSON : 2 heures 15

Préchauffez le four à 180 °C (th. 6). Beurrez et farinez le moule et garnissez-le de pâte sablée. Piquez le fond de tarte avec une fourchette, recouvrez de papier sulfurisé et de haricots secs puis enfournez 15 min pour faire cuire la pâte à blanc.

Avec la pointe d'un ouvre-boîte, percez un trou dans la boîte de lait concentré et déposez-la dans une casserole remplie d'eau chaude : tenez ce bain-marie bien au chaud pendant 2 h, jusqu'à ce que le lait ait pris une jolie couleur caramel. Versez dans le fond de tarte.

Coupez les bananes en rondelles et répartissez-les sur la tarte. Montez la crème en chantilly en versant le sucre glace au fur et à mesure. Nappez la tarte de chantilly et conservez au frais jusqu'au moment de déguster.

POUR 8 PERSONNES

1 pâte sablée
3 bananes
60 g de sucre brun
25 cl de crème entière froide
70 g de sucre glace
40 cl de lait concentré sucré

Pour le moule
20 g de beurre
20 g de farine

Matériel
Moule à tarte
Batteur
Papier sulfurisé

MUD PIE

DIFFICULTÉ : facile

COÛT : bon marché

PRÉPARATION : 15 minutes

CUISSON : 30 minutes

REPOS : 30 minutes

CONGÉLATION : 30 minutes

POUR 8 PERSONNES

200 g de chocolat noir
100 g de beurre
(+ 20 g pour le moule)
50 g de sucre
2 œufs
60 g de farine
(+ 20 g pour le moule)
50 g de pépites de chocolat
1 l d'une bonne glace au café
100 g de cacahuètes, noix, noix de pécan…
10 cl de crème liquide

Matériel
Moule à tarte

Préchauffez le four à 180 °C (th. 6). Cassez le chocolat en morceaux. Beurrez et farinez le moule et réservez-le au frais. Faites fondre la moitié du chocolat au bain-marie. Mélangez le beurre et le sucre puis ajoutez les œufs l'un après l'autre. Versez la farine puis le chocolat fondu. Mélangez.

Versez la pâte dans le moule et parsemez de pépites de chocolat. Enfournez pour 20 min de cuisson.

Laisser refroidir le gâteau dans son moule puis ajoutez dessus la glace au café. Égalisez la surface puis parsemez de noix grossièrement hachées au couteau. Réservez au congélateur 30 min.

Faites chauffez la crème et faites fondre le chocolat restant en remuant bien. Au moment de servir, sortez le moule du congélateur, démoulez puis versez dessus la ganache en filet.

170 BLUEBERRY PIE

DIFFICULTÉ : facile
COÛT : un peu cher

PRÉPARATION : 10 minutes
CUISSON : 45 minutes

Versez les myrtilles, le sucre et le jus du citron dans une sauteuse. Portez à ébullition et poursuivez la cuisson à petits bouillons pendant 15 min.

Préchauffez le four à 180 °C (th. 6). Beurrez et farinez le moule puis déposez la pâte sablée. Versez la préparation aux myrtilles et enfournez pour 20 min.

Découpez, à l'emporte-pièce, des formes dans la deuxième pâte et déposez-les sur la tarte, poursuivez la cuisson pendant encore 10 min. Laissez tiédir ou refroidir avant de déguster.

POUR 8 PERSONNES

2 pâtes sablées
600 g de myrtilles fraîches ou surgelées
150 g de sucre
1 citron (le jus)

Pour le moule
20 g de beurre
20 g de farine

Matériel
Moule à tarte
Emporte-pièce

172 PIE À LA CRÈME DE MARRON, SAUCE CHOCOLAT

DIFFICULTÉ : facile
COÛT : bon marché

PRÉPARATION : 10 minutes
CUISSON : 30 minutes

Préchauffez le four à 180 °C (th. 6). Dans une jatte, mélangez le Philadelphia, la crème de marron et les œufs battus. Beurrez et farinez le moule et garnissez-le de pâte sablée. Piquez le fond à la fourchette. Versez la préparation aux marrons et enfournez pour 20 min.

Réalisez des petits motifs à l'emporte-pièce dans la deuxième pâte et déposez-les sur la tarte. Poursuivez la cuisson pendant 10 min. Cassez le chocolat en morceaux. Faites chauffer la crème et faites-y fondre le chocolat en remuant bien. Servez la tarte tiède avec la sauce au chocolat.

POUR 8 PERSONNES

2 pâtes sablées
150 g de Philadelphia
(ou St Môret)
500 g de crème de marron
2 œufs
20 cl de crème liquide
200 g de chocolat

Pour le moule
20 g de beurre
20 g de farine

Matériel
Moule à tarte
Emporte-pièce

174

PIE À LA FRAMBOISE ET À LA RHUBARBE

DIFFICULTÉ : facile

COÛT : raisonnable

PRÉPARATION : 20 minutes

CUISSON : 30 minutes

Préchauffez le four à 180 °C (th. 6). Faites compoter la rhubarbe et les framboises avec le sucre dans une casserole pendant 15 min. Beurrez et farinez le moule. Étalez dedans l'une des pâtes, saupoudrez-la de poudre d'amandes et versez la préparation.

Taillez des bandes dans la deuxième pâte et répartissez-les en quadrillage sur la préparation. Enduisez les bandes d'œuf battu (à l'aide d'un pinceau). Enfournez pour 30 min.

POUR 8 PERSONNES

2 pâtes sablées
400 g de rhubarbe fraîche ou surgelée
400 g de framboises
100 g de sucre
50 g de poudre d'amandes
1 œuf (pour la dorure)

Pour le moule

20 g de beurre
20 g de farine

Matériel

Moule à tarte

176 PIE AU CARAMEL ET AUX NOIX

DIFFICULTÉ : facile
COÛT : un peu cher

PRÉPARATION : 10 minutes
CUISSON : 35 minutes

Préchauffez le four à 180 °C (th. 6). Beurrez et farinez le moule. Garnissez-le avec la pâte et recouvrez de papier sulfurisé et de gros haricots puis enfournez pendant 15 min (pour cuire la pâte à blanc).

Faites chauffer le sucre et le miel dans une petite casserole et ajoutez les noix. Versez cette préparation dans le moule et enfournez pour 20 min de cuisson. Servez tiède ou froid.

POUR 6 PERSONNES

1 pâte brisée
250 g de beurre
+ 20 g (pour le moule)
120 g de cassonade
120 g de miel liquide
500 g de noix, noisettes, amandes
20 g de farine (pour le moule)

Matériel
Moule à tarte
Papier sulfurisé

178

MINCE PIE

DIFFICULTÉ : facile

COÛT : un peu cher

PRÉPARATION : 25 minutes

CUISSON : 20 minutes

REPOS : 1 nuit

POUR 8 PERSONNES

2 pâtes sablées

1 pomme

50 g d'écorces d'oranges confites

50 g de cerises confites

1 orange bio

1 citron bio

100 g d'amandes mondées

200 g de raisins secs blonds

150 g de vergeoise

100 g de beurre fondu

3 cuil. à soupe de whisky

1 cuil. à café d'épices pour pain d'épice

Sucre glace

Pour les moules

20 g de beurre

20 g de farine

Matériel

8 moules à tartelettes

Emporte-pièce en forme d'étoile

La veille, détaillez la pomme en cubes et les fruits confits en petits dés. Rincez l'orange et le citron, prélevez les zestes et pressez-les pour en extraire les jus. Hachez les amandes avec un grand couteau. Mélangez tous les ingrédients (sauf la pâte !) dans un grand saladier et laissez reposer une nuit pour que tous les ingrédients développent leurs parfums.

Le jour même, préchauffez le four à 180 °C (th. 6). Beurrez et farinez les moules puis garnissez-les de pâte. Versez un peu de préparation au fond de chacun. Découpez des étoiles dans la pâte avec l'emporte-pièce et déposez-les sur les tourtes. Enfournez pour 20 min. Laissez refroidir et saupoudrez de sucre glace.

180 PIE À L'AVOCAT

DIFFICULTÉ : facile
COÛT : bon marché

PRÉPARATION : 10 minutes
CUISSON : 20 minutes
REPOS : 2 heures

POUR 8 PERSONNES

1 pâte sablée
2 feuilles de gélatine
6 avocats bien mûrs
20 cl de jus de citron
50 cl de lait concentré sucré
25 cl de crème liquide froide

Pour les moules
20 g de beurre
20 g de farine

Matériel
Moule à tarte
Mixeur
Batteur
Papier sulfurisé

Préchauffez le four à 180 °C (th. 6). Beurrez et farinez le moule et garnissez-le de pâte sablée. Piquez le fond de la tarte à la fourchette, recouvrez de papier sulfurisé et de haricots et enfournez 20 min pour faire cuire à blanc la pâte. Laissez refroidir.

Faites tremper la gélatine dans un bol d'eau froide. Coupez les avocats en deux, ôtez les noyaux et coupez la chair grossièrement. Faites chauffer le jus de citron puis pressez la gélatine entre vos mains et ajoutez-la au jus de citron chaud.

Dans le bol du mixeur, versez le jus de citron, les avocats et le lait concentré. Mixez jusqu'à l'obtention d'une purée fine. Montez la crème en chantilly et incorporez-la à la préparation à l'avocat. Versez sur le fond de tarte et laissez prendre au minimum 2 h au frais.

CHESS PIE

DIFFICULTÉ : facile
COÛT : bon marché

PRÉPARATION : 15 minutes
CUISSON : 50 minutes

Préchauffez le four à 180 °C (th. 6). Beurrez et farinez le moule et garnissez-le de pâte sablée. Piquez le fond de la tarte avec une fourchette, recouvrez de papier sulfurisé et de haricots et enfournez 15 min pour faire cuire la pâte à blanc.

Dans un grand saladier, mélangez la farine et le sucre. Battez les œufs et la crème jusqu'à l'obtention d'un mélange onctueux. Ajoutez le beurre fondu et l'extrait de vanille puis versez sur la pâte cuite. Enfournez pour 35 min. Servez tiède ou froid.

POUR 8 PERSONNES

1 pâte sablée
150 g de farine
300 g de sucre
5 œufs
15 cl de crème entière
125 g de beurre
1 cuil. à café d'extrait de vanille

Pour le moule
20 g de beurre
20 g de farine

Matériel
Moule à tarte
Papier sulfurisé

182 PIES SURPRISE À LA PÊCHE

DIFFICULTÉ : facile
COÛT : raisonnable

PRÉPARATION : 15 minutes
CUISSON : 30 minutes

Préchauffez le four à 180 °C (th. 6). Mixez les spéculoos et faites fondre le beurre. Mélangez et placez cette préparation au fond des bocaux.

Mélangez le fromage, les œufs, le sucre, le lait concentré et le jus de citron. Versez une couche de cette préparation sur les gâteaux.

Rincez et coupez les nectarines en tranches. Répartissez-les dans les bocaux. Étalez la pâte. Coupez 6 ronds un peu plus grands que le diamètre des bocaux. Découpez une forme au centre avec l'emporte-pièce. Déposez ces cercles de pâtes sur les bocaux et enfournez pour 30 min. Laissez tiédir et servez.

POUR 6 PERSONNES

2 pâtes sablées
200 g de spéculoos
50 g de beurre
400 g de St Môret
2 œufs
100 g de sucre
20 cl de lait concentré sucré
1 citron (le jus)
4 nectarines

Matériel
6 petits bocaux
Petit emporte-pièce

BABY APPLE PIES

DIFFICULTÉ : facile
COÛT : bon marché

PRÉPARATION : 15 minutes
CUISSON : 20 minutes

Préchauffez le four à 180 °C (th. 6). Lavez, épluchez les pommes et coupez-les en petits cubes. Arrosez-les du jus du citron. Faites chauffer le beurre dans une petite poêle et versez les pommes. Faites-les revenir à feu doux pendant 5 min. Ajoutez le sucre et 1 cuil. de cannelle. Augmentez le feu et laissez caraméliser en remuant pendant 2 min. Laissez refroidir.

Étalez les pâtes. Avec un emporte-pièce rond ou un petit verre, formez des cercles. Déposez un peu de préparation au centre de la moitié des cercles. Humidifiez les bords (avec un pinceau) et soudez un rond de pâte sur chaque cercle en appuyant légèrement avec vos doigts. Avec un petit couteau, striez les bords. Badigeonnez la surface de lait puis enfournez 20 min. Laissez refroidir et saupoudrez de sucre glace et du reste de cannelle.

POUR 6 PERSONNES

2 pâtes sablées
4 pommes
1 citron (le jus)
40 g de sucre roux
2 cuil. à café de cannelle
2 cuil. à café de sucre glace
20 ml de lait
40 g de beurre

Table des recettes

BON APP'

Vous vous êtes régalé ? Découvrez très vite le reste de la collection !

QUICHES & PIES
BON APP'
+ DE 100 RECETTES

EASY COOK
BON APP'
+ DE 100 RECETTES

PAPILLOTES
BON APP'
+ DE 100 RECETTES

APÉROS DÎNATOIRES
BON APP'
+ DE 100 RECETTES

Crédits photographiques :
© Rina Nurra : pp. 5, 97, 99, 101, 103, 105, 107, 109, 111, 113, 115
© Jean-Baptiste Pellerin : pp. 9, 11, 13, 15, 17, 19, 21, 23, 25, 27, 29, 31, 33, 35, 37, 39, 41, 43, 45, 47, 49, 51, 53, 55, 57, 59, 61, 63, 65
© Valéry Guédès : pp. 67, 69, 71, 73, 75, 77, 79, 81, 83, 85, 87, 89, 91, 93, 95
© Nathalie Carnet (stylisme de Catherine Moreau) : pp. 117, 119, 123, 125, 129, 131, 133, 135, 137, 139, 141, 143, 145, 151, 157, 161, 165, 167, 171, 173, 175, 177, 179, 183, 185

Cet ouvrage reprend des recettes des titres *Pizzas, tourtes et tutti quanti* et *Quiches* parus dans la collection PPH, et *Tartes*, paru dans la collection Collection aux Éditions Hachette Pratique.

Pour l'éditeur, le principe est d'utiliser des papiers composés de fibres naturelles, renouvelables, recyclables et fabriquées à partir de bois issus de forêts qui adoptent un système d'aménagement durable. En outre, l'éditeur attend de ses fournisseurs de papier qu'ils s'inscrivent dans une démarche de certification environnementale reconnue.

Direction : Catherine Saunier-Talec
Responsable éditoriale : Anne la Fay
Responsable de projet : Anne Vallet, assistée de Stéphanie Chaussade
Collaboration rédactionnelle : Ghislaine Danan-Bénady, Thomas Feller, Elisa Vergne
Conception de la maquette intérieure et de la couverture : Jane Schleipfer Gueneau aka. Libelul
Réalisation de la couverture : Hélène Marcombes
Réalisation : Les PAOistes
Correction : Mireille Touret
Fabrication : Amélie Latsch
Responsable partenariats : Sophie Morier au 01 43 92 36 82

Dépôt légal : juillet 2012
23-05-0918-01-5
ISBN : 978-2-0123-0918-0
Imprimé en Italie par Stige